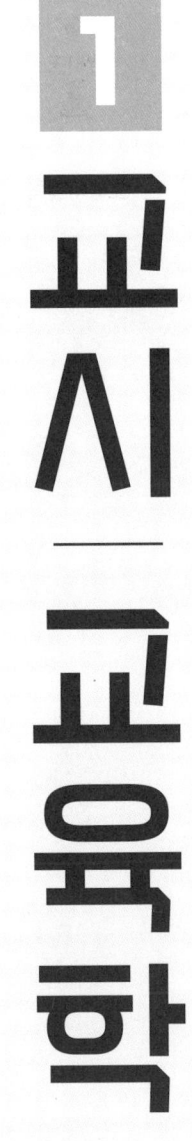

1 교시 교육학

마이너 가끔 출제되는 영역

CONTENTS

PART 1 교육사철학

01 교육의 이해

1. 교육의 어원	10
2. 교육의 비유	10
3. 교육의 정의	11
4. 교육의 목적	11
5. 교육의 형태	12
6. 교직관	15

02 한국교육사

1. 고조선의 교육	22
2. 삼국시대의 교육	22
3. 남북국시대의 교육	23
4. 고려시대의 교육	23
5. 조선시대의 교육	24
6. 개화기의 교육	26
7. 일제강점기의 교육	26

03 서양교육사

1. 고대의 교육	34
2. 중세의 교육	35
3. 르네상스 시대의 교육	36
4. 실학주의 교육	36
5. 계몽주의 교육	38
6. 신인문주의 교육	40

04 교육철학

1. 교육철학의 이해	48
2. 20세기 전반의 교육철학 (미국)	49
3. 20세기 후반의 교육철학 (유럽)	53

PART 2 생활지도 및 상담

01 생활지도
1. 생활지도의 이해 … 68
2. 비행이론 … 70
3. 진로이론 … 72

02 학교상담
1. 상담의 이해 … 86
2. 상담의 이론 … 88

PART 3 교육사회

01 교육사회학의 이론
1. 구교육사회학 … 114
2. 신교육사회학 … 118

02 교육사회학의 쟁점
1. 교육과 사회화 … 126
2. 교육과 사회평등 … 130
3. 교육과 학력상승 … 134

PART 4 2022 개정 교육과정 총론 (발췌)

01 교육과정 구성의 방향
1. 교육과정 구성의 중점 … 144
2. 추구하는 인간상과 핵심역량 … 145
3. 학교급별 교육 목표 … 146

02 학교 교육과정 설계와 운영
1. 설계의 원칙 … 150
2. 교수·학습 … 151
3. 평가 … 153
4. 모든 학생을 위한 교육기회의 제공 … 154

03 학교급별 교육과정 편성·운영의 기준
1. 기본 사항 … 158
2. 중학교 … 159

키워드 정답 … 164
참고 문헌 … 168

1교시 | 교육학

PART 1

교육사철학

PART 1

01 교육의 이해
02 한국교육사
03 서양교육사
04 교육철학

www.firstpedagogy.com

pedagogy

교육의 이해

1. 교육의 어원
2. 교육의 비유
3. 교육의 정의
4. 교육의 목적
5. 교육의 형태
   - 평생교육, 전인교육, 다문화교육
6. 교직관

교육의 이해는 이렇게

『교육의 이해』에서는 무엇을 목표로 하나요?

『교육의 이해』에서는 교육의 어원, 비유, 정의, 목적, 형태를 살펴보며 교육에 대한 전반적인 배경지식을 기르는 것을 목표로 합니다. 출제의 빈도가 높진 않지만 교육학 논술의 서론, 결론을 작성하는 데에도 기본 바탕이 되는 부분입니다.

『교육의 이해』에서는 무엇을 공부하나요?

1. **교육의 어원**에서는 동서양의 교육어원을 비교하고 살펴보며 '학생 중심'에서 서술된 부분은 무엇인지 확인합니다.

2. **교육의 비유**에서는 다섯 가지 교육의 비유에 대한 명칭을 확인하고 특히 아동의 잠재가능성을 실현하고자 했던 성장의 비유를 꼼꼼하게 살펴봅니다.

3. **교육의 정의**에서는 정범모와 피터스의 교육에 대한 정의방식이 무엇이며 어떻게 다른지 비교합니다.

4. **교육의 목적**에서는 어떤 사례가 주어졌을 때 교육의 내재적 목적과 외재적 목적으로 구분합니다.

5. **교육의 형태**에서는 평생교육, 전인교육, 다문화교육의 개념을 간략하게 한 문장 정도로 쓸 수 있도록 공부합니다.
   - 이 부분은 2차 면접에서도 다시 확인하게 되는 주제이므로 유심히 봅니다.

6. **교직관**에서는 교직관의 세 가지 유형을 확인하고, 특히 전문직관에 대해서는 자세히 살펴봅니다.

- 다문화교육을 보는 두 가지 관점 – 각 관점의 장점과 단점은 무엇일까?
- 페다고지와 안드라고지 – 학습자에 대한 관점이 어떻게 다른가?
- 신문 기사 → 다문화교육의 내실화를 위한 교사의 구체적인 실천 방안은 무엇일까?

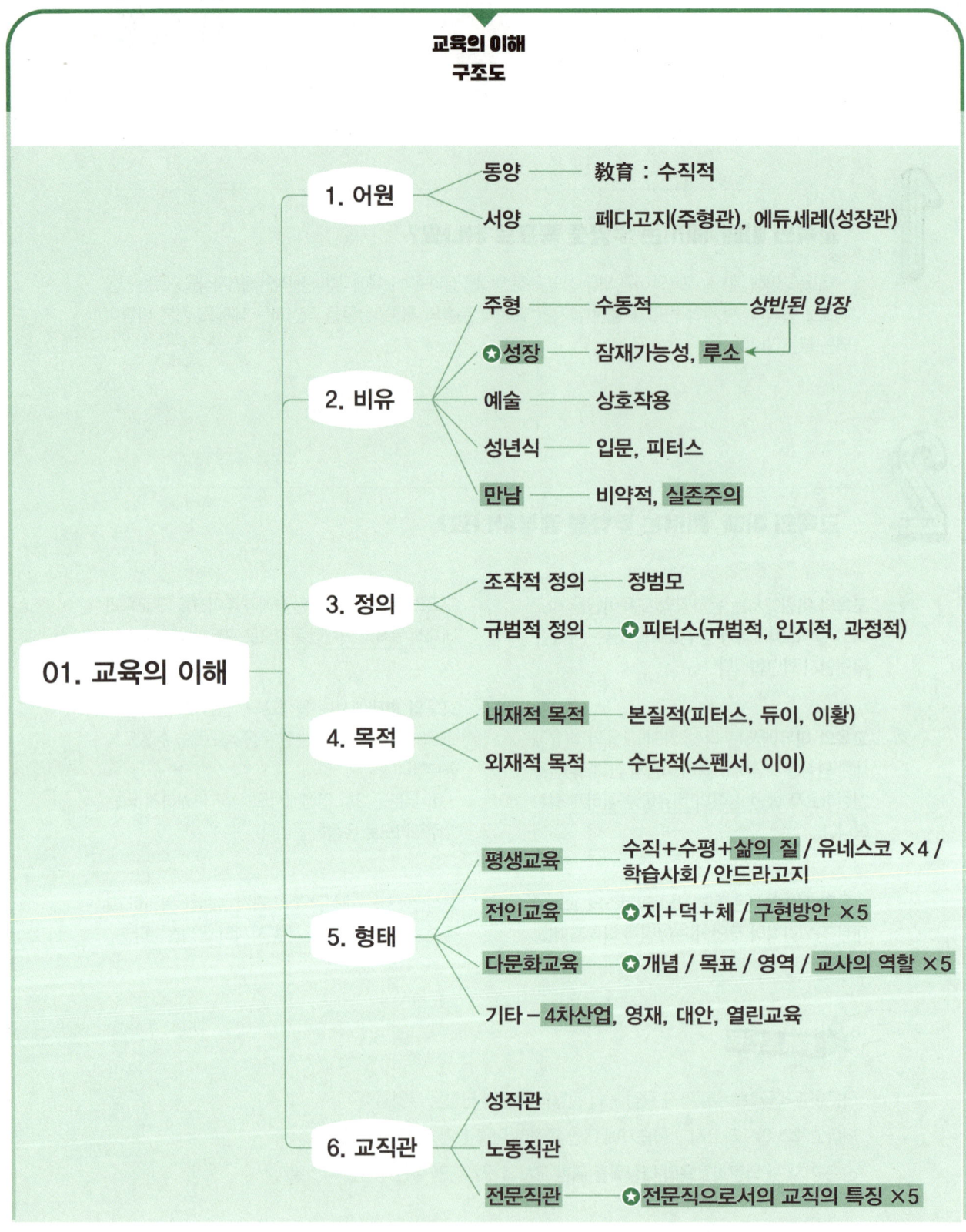

나의 마인드맵

01 교육의 이해

> **더하기**
> 교육의 동양적 어원은 교육의 비유로 볼 때 "주형"의 비유에 해당

1 교육의 어원

1. 동양

1) 敎育(교육)
   ① 敎 가르칠 (교) : 교사중심
   ② 育 기를 (육) : 성숙한 부모나 교사가 아이를 성장, 발달 시킴
2) 동양적 어원에서 교육은 교사와 아동 사이의 ㅅㅈㅈ 인간관계를 전제함

2. 서양

1) pedagogy ㅍㄷㄱㅈ : 아동을 이끈다. 교사나 부모가 주도적 역할(**주형관**)
2) education 에듀케이션 = educare 에듀카레 + educere 에듀세레
   ① 에듀카레 : 양육한다. 교사나 부모가 주도적인 역할을 하는 교육관, 주형관(**교사중심**)
   ② 에듀세레 : 이끌어낸다. 학습자의 잠재능력을 발현할 수 있도록 도움, 성장관(**아동중심**)

- ◆ 교육(敎育), 페다고지(pedagogy) → 교사 중심
- ◆ 에듀케이션(education) → 학생 중심

> **더하기**
> 페다고지와 안드라고지
> 1) 학습자의 개념
>   페다고지 - 학습자는 의존적
>   안드라고지 - 성인 학습자는 자기주도적
> 2) 학습자 경험의 역할
>   페다고지 - 학습현장에서 학습자의 경험은 이용 가치가 없음
>   안드라고지 - 인간은 성장함에 따라 자신뿐만 아닌 타인을 위한 학습자원으로 활용될 수 있는 경험을 축적함

2 교육의 비유

> 성장의 비유와 가장 반대되는 교육의 비유는 무엇일까?

비유		특징	비판	관련 내용 및 학자
주형		틀에 넣어 만든다(주입, 도야) 내용>방법, 교사>학생	학생은 수동적 존재	ㄹㅋ의 백지설, 행동주의 심리학
성장*		아동의 잠재가능성 실현 내용<방법, 교사=정원사	교과, 교사의 역할을 과소평가	루소, 진보주의 ㅇㄷㅈㅅ교육
예술	대안적 비유	재료의 성질을 고려하듯 교사와 학생은 상호작용	여전히 교사 중심 (주형의 변형된 형태)	교학상장, 줄탁동시
성년식		문명화된 삶의 양식, 입문		ㅍㅌㅅ
만남*		비약적 성장, 인격적 만남	우행주의의 위험	볼노브, 실존주의

3. 교육의 정의

1. 교육의 정의방식
1) ㅈㅈㅈ 정의 : 개념을 명확히 파악하기 위해 관찰할 수 있는 형태로 정의
2) 규범적 정의 : 교육에 대한 가치나 규범이 들어있는 정의
   - 교육은 ~이어야 한다.

> 의사소통을 위해 복잡한 현상을 구별 지으려는 약정적 정의(~라고 부르자)와 가치를 배재한 기술적 정의(교육은~이다)도 있음

2. 교육의 대표적 정의
1) 정범모 : "교육은 인간행동의 계획적 변화이다."(조작적 정의)
2) 피터스 : 가치있는 활동, 공적 전통, 문화유산에의 입문 (규범적 정의)
   - 교육의 세 가지 준거

준거	내용	교육이 아닌 예시
ㄱㅂㅈ 준거*	[목적] 가치있는 것의 전달과정(내재적 가치)	싸움을 가르친다 : 가치있는 것을
인지적 준거	[내용] 지식, 이해, 인지적 안목(지식의 형식)	쌩쌩이 스킬을 가르친다 : 단순한 기술이 아닌 지식을
과정적 준거	[방법] 학습자의 의식과 자발성이 있는 방식	조건화, 세뇌로 가르친다 : 교육적인 방법으로 가르치자.

4. 교육의 목적

1. 내재적 목적
1) 의미 : 교육이 다른 것의 수단이 아닌 교육 활동 자체가 가지고 있는 목적
2) 특징 : 공적 전통을 중시, 지식의 형식 추구, 교육의 본질적 가치
3) 대표 학자 : 피터스, 듀이, 이황(ㅇㄱㅈㅎ), 로저스

> 내가 교사가 되고자 결심한 이유를 내재적 이유와 외재적 이유로 나누어서 생각해보기

2. 외재적 목적
1) 의미 : 교육은 다른 어떤 것의 목적을 실현하기 위한 수단
2) 특징 : 교육은 사회의 현실을 적극 수용해야 함, 교육의 수단적 가치
3) 대표 학자 : 스펜서(교육의 실용성), 그린(교육의 도구성), 이이(위인지학)

- ♦ 내재적 목적 → 교육 활동 그 자체
- ♦ 외재적 목적 → 교육 이외의 목적을 실현하기 위한 수단

5. 교육의 형태

1. 평생교육

1) 개념 : 전생애에 걸쳐 이루어지는 모든 교육(*수직+수평)

① ㅅㅈㅈ(시간) : 전생애성. 인생의 모든 단계에서

② ㅅㅍㅈ(장소) : 전사회성. 가정, 학교 사회에서

　cf 평생교육법상의 개념 : 학교교육을 제외한 모든 형태의 조직적인 교육활동

> 평생교육의 사례 - 학교시설 개방, 방과후학교, 방송통신대학교, 독학학위제, 학점은행제 등

2) 목적 : 개인적 차원 및 사회적 차원에서의 *인간의 ㅅㅇㅈ 향상

① 개인적 : 잠재능력, 자아실현

② 사회적 : 인간관계, 합리적 경제활동

3) 평생교육의 필요성(P.Lengrand, 랑그랑)

> 제4차 산업혁명 시대에 평생교육이 더욱 강조되는 이유는 무엇일까?

◆ 교육 내적인 필요성인지, 교육 외적인 필요성인지 고민하며 분류해보세요.
- 인간의 이상, 관습, 개념의 가속적 변화 (외)
- 인구의 증가와 평균수명의 연장 (　　)
- 과학기술의 진보와 산업, 직업구조의 변화 (　　)
- 매스미디어의 발달과 정보처리능력의 필요성 증대 (외)
- 여가의 증대와 활용 (외)
- 생활양식과 인간관계의 위기 (　　)
- 현대인의 정신과 육체의 부조화 (　　)
- 이데올로기의 위기에 있어서 정체성 혼란 (내)

◆ 평생교육 → 수직(시간) + 수평(장소) + 삶의 질 향상

4) 유네스코 세계교육위원회 종합보고서 - 4가지 기둥 *

① 알기 위한 학습 — Learning to know · 지식 교육

② 행동하기 위한 학습 — Learning to do · 직업교육

③ 함께 살기 위한 학습 — Learning to live together · 공존, 참여

④ 존재하기 위한 학습 — Learning to be · 1+2+3조화 · 전인 교육

5) 평생교육 관련 이론

　① 허친스*'ㅎㅅㅅㅎ' : 교육의 목적은 정신적 계발을 통해 인간을 계발 하는 것

　　　　　　학습사회는 자유교양교육이 사회 곳곳에 편재된 사회

　② 카네기 고등교육위원회 : 직업교육에 중심을 두는 학습사회화

　③ 에드워즈 '학습사회의 진화단계' : 학습사회는 어떻게 발전하는가?

　　　: 교육된 사회(계몽주의) → 학습시장(시장 중심) → 학습망(시민 주도 네트워킹)

> 더하기
> 노울즈(Knowles)는 성인학습의 한 형태로 자기주도적 학습을 주장함. 안드라고지(andragogy)는 성인교육을 이해하는 개념틀

2. 전인교육*(인성교육도 같은 이론으로 접근)

1) 개념 : 인간의 모든 잠재력을 조화롭게(ㅈ+ㄷ+ㅊ) 실현시키는 것을 목적

2) 필요성 : 입시위주의 교육, 지식중심 교육, 청소년 비행 문제

3) 구현방안

　① 교육과정면 : 잠재적 교육과정, 인간중심 교육과정, 창의적 체험활동 강화

　② 교수·학습지도면 : 주입식 교육 배제, 학습을 윤리적 도덕성과 연관

　③ 교육행정면 : 민주적인 교내 자율장학

　④ 생활지도면 : ㅇㄱㅈㅅ 상담

　⑤ 교육평가면 : 절대평가, 수행평가 강화

> 학생의 올바른 인성함양을 위한 평가 방안에는 무엇이 있을까?

3. 다문화교육*

1) 개념 : 자기문화에 대한 ㅈㅊㅅ을 바탕으로 타문화에 대해 개방적이고 이해적인 태도를 길러 미래의 문화사회에 적응하게 만드는 교육

2) 넓은 의미에서 다문화교육이 포괄하는 개념 : 인종, 민족, 문화, 성, 사회계층

3) 다문화교육의 목표 (Banks 뱅크스) X4

　① 자기 이해의 심화 추구

　② 주류 교육과정에 대안을 제시

　③ 모든 학생들이 다문화사회에서 요구되는 지식, 기능, 태도를 습득

　④ 다문화가정의 고통, 차별 감소

4) 다문화교육의 영역 (Banks 뱅크스) X5

　① [교육과정] 내용 통합 – 다양한 역사, 문화

　② [교육과정] 지식 구성 과정 – 비판적 해석 능력 개발

　③ [교육사회] 편견 감소

　④ [교육방법] 공평한 교수법

　⑤ [교육행정] 학교문화 개선

> 다문화 교육을 효과적으로 실천하려면 무엇이 뒷받침되어야 할까?
> – 교사 차원
> – 학교 차원

5) 다문화교육을 위한 교사의 역할 ✱ X5

① 다문화교육을 담당할 수 있는 적절한 지식, 태도, 기능 습득

② 다문화 학생 견해에 관심

③ 다문화 학생 가능성을 인정, 격려

④ 학습자료에 인종차별적 요소가 있는지 파악, 개선

⑤ 협동학습 – 어울려 학습할 수 있는 장 마련

> 다문화 교육을 잘 가르치려면 교사는 어떤 점에 유의해야 할까?

6) 다문화의 4가지 정책모형

① 차별배제 모델 – 이주민을 특정 목적으로만 받아들이고 내국인과 동등한 권리를 인정하지 않음

② 용광로 모델(동화주의) – 주류 문화에 비주류문화가 편입, 사회통합과 질서 유지가 쉬우나, 각 문화의 정체성 상실

③ 샐러드볼 모델(다문화주의) – 각 문화를 평등하게 인정, 문화의 다양성을 존중하나, 사회적 결속력이 약화

④ 국수 대접 모델 – 문화의 다양성을 인정하면서 주류 문화의 역할을 강조

4. 기타

1) 지식정보화사회(4차산업혁명시대)의 교육

- 교육중점 : 창의성 교육, ㅈㄱㅈㄷㅈ 학습능력의 신장, 정보활용능력 향상, 교육 수요자(소비자) 중심 교육, 의사소통능력, 협업능력 등

- 4차산업혁명과 교육 : 지능화, 가상화, 초연결 `기출2020`

> 온라인 수업에서 교사가 학생의 자기주도적 학습능력을 신장시키는 방안에는 어떤 것이 있을까?

2) 영재교육

- 목적 : 재능이 뛰어난 사람을 조기에 발굴, 타고난 잠재력을 계발

- 방법 : 풍부화(심화) / 가속화(속진)

- 교육기관 : 영재학급, 영재학교, 영재교육원

3) 대안교육

- 국외 : 발도르프 학교(독일, 슈타이너의 교육관), 서머힐(영국)

- 국내 : 정규학교형, 비정규학교형

> 학습자 측면에서 대안교육의 의의는 무엇일까?

4) 열린교육

- 개념 : 개별화된 학습자 중심으로 교육과정을 운영하는 총체적 자율화 교육

- 배경 : 진보주의 교육철학

5) 학제
- ㄷㅅㅎ 학제 : 모든 국민이 단일 체계의 학교교육을 제공받음(미국형)
- 복선형 학제 : 두 가지 이상의 학교 계통이 병존, 상호 이행 인정X(유럽형)

6. 교직관

1. 교직관의 유형

1) 성직관 – 서양중세로부터 시작된 교직관. 사랑과 봉사, 소명의식 강조

2) 노동직관 – 마르크스주의적 계급관에 기초한 교직관. 교사의 정치성 중시

3) 전문직관* – 자율성, 윤리의식 전문성, 계속적 연찬 중시, 오늘날 가장 일반적으로 받아들여지고 있는 교육관

2. 전문직으로서의 교직

1) 전문직관은 오늘날 가장 널리 수용되고 있는 견해

2) 전문직으로서의 교직의 특징* X5

① 심오한 학문의 이론적 배경
② 장기적인 직전교육과 지속적인 현직교육의 필요
③ 전문직 단체와 교권 신장의 필요
④ 고도의 지성을 요구하는 정신적 활동 위주
⑤ 고도의 봉사성, 자율성, 윤리성 필요

> 교사의 윤리성을 강조하기 위한 노력에 무엇이 있을까?
> – 교사 차원
> – 학교 차원

연습문제

1. 교육에 대한 정범모의 조작적 정의는?

2. 피터스의 교육개념에서 교육의 준거는? **x3**

3. 평생교육의 궁극적 목적은?

4. 유네스코 보고서에 따른 평생교육의 기둥은? **x4**

5. 평생교육에 대한 허친스의 이론은?

6. 전인교육의 개념은?

7. 전인교육에 대한 학교의 역할은? **x5** (구현방안)

8. 넓은 의미에서 다문화개념이 인종과 민족 이외에 포함하는 것은? **x3**

9. 뱅크스가 제시한 다문화교육의 목표는? **x4**

10. 오늘날 널리 수용되고 있는 교직관은?

▶▶ 스스로 묻고 답하며 학습한 이론을 깊게 떠올려 봅시다.

▶ **나만의 문제 5개 만들기**

한국교육사

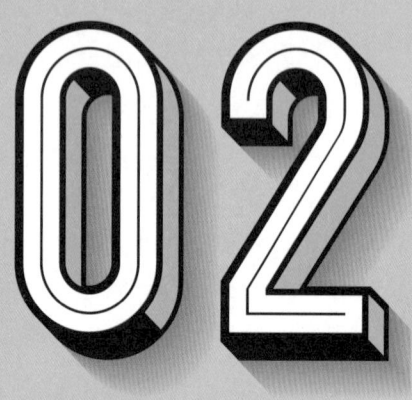

pedagogy

1. 고조선의 교육
2. 삼국시대의 교육
    - 고구려, 백제, 신라
3. 남북국시대의 교육
    - 통일신라, 발해
4. 고려시대의 교육
5. 조선시대의 교육
6. 개화기의 교육
7. 일제강점기의 교육

한국교육사는 이렇게

『한국교육사』에서는 무엇을 목표로 하나요?

『한국교육사』에서는 고조선부터 일제강점기까지의 시대적 흐름에 따라 변화된 특징이나 교육기관을 이해하는 것을 목표로 합니다. 출제의 빈도가 높진 않지만 '전인교육'과 관련된 사항은 반드시 확인해야하며, 현대 사회에 주는 시사점을 중심으로 살펴보아야 하는 부분입니다.

『한국교육사』에서는 무엇을 공부하나요?

1. **고조선의 교육**에서는 건국이념인 홍익인간에서 전인교육 사상을 확인합니다.

2. **삼국시대의 교육**에서는 신라시대 화랑도의 교육 목적과 방법을 살펴봅니다.

3. **남북국시대의 교육**에서는 통일신라에서 과거 제도의 성격을 띤 독서삼품과의 출현을 확인합니다.

4. **고려시대의 교육**에서는 관학과 사학으로 나누어 교육기관을 알아봅니다.

5. **조선시대의 교육**에서는 성리학의 개념을 이해하고 주리론과 주기론의 특징을 구분하여 각각 한 문장 정도로 쓸 수 있도록 공부합니다.

6. **개화기의 교육**에서는 학무아문고시와 교육입국 조서의 공통점을 확인합니다.

7. **일제강점기의 교육**에서는 교육사회학을 떠올리며 가볍게 읽어봅니다.

출제 포인트

홍익인간, 화랑도 등의 역사적 사례 → 공통적 교육 지향점인 전인교육에 대해 서술하기

성리학에 대한 역사적 사례 → 이황과 이이의 이론 비교하기

한국교육사 구조도

02. 한국교육사

- **1. 고조선**
  - ★ 홍익인간 – 전인교육
  - 단군신화 – 성년식

- **2. 삼국시대**
  - 고구려 – 태학, 경당
  - 백제 – 박사직제
  - ★ 신라 – 화랑도, 전인교육

- **3. 남북국시대**
  - 통일신라 – 독서삼품과
  - 발해 – 주자감

- **4. 고려시대**
  - 학교교육 – 국자감, 향교 / 서당
  - 과거제도

- **5. 조선시대**
  - 관학 – 성균관, 사학, 향교
  - 사학 – 서원, 서당
  - ★ 성리학 – 이기론, 심성론
  - 실학 – 교육원리 ×6

- **6. 개화기** — 학무아문고시 / 입국조서 – 교육의 기회균등

- **7. 일제강점기**

나의 마인드맵

02 한국교육사

> **더하기**
> 원시 부족사회의 '성년식' 교육
> : 도덕적, 종교적, 실제적 가치를 지님

1. 고조선의 교육

1. 고조선의 건국 이념

1) 홍익인간(弘益人間)* – 널리 인간을 이롭게 한다(인본주의, 전인교육)

2) 단군신화 이야기 – 통과의례가 있다는 점에서 교육의 비유 중 ㅅㄴㅅ과 유사함

2. 삼국시대의 교육

1. 고구려

1) 태학 – 최초의 관학 / 귀족 자제 / 고등교육기관

2) 경당 – 최초의 사학 / 서민 자제 / 서당의 전신 / 문무일치

2. 백제

1) 박사직제 – 연구자 및 교육자
   ① 오경박사 : 유학
   ② 전업박사 : 기술

3. 신라

1) 화랑도
   ① 교육목적 : 문무겸비(ㅈㅇㄱㅇ)
   ② 교육방법 : 청소년을 대상, 비형식적 교육, 인격도야, 정서도야, 심신수련

3. 남북국시대의 교육

1. 통일신라

1) 국학 – 유교 사상을 연구, 보급 / 국가 관리의 양성을 위한 교육

2) 독서삼품과 – 국학 교육을 받은 자를 모두 관리로 채용할 수 없게 되자 등장함
　　　　　　　(과거제도의 성격)

2. 발해

1) 주자감 – 중앙 관학, 유교 경전 위주　　cf 여사제도-왕족 여성교육

4. 고려시대의 교육

1. 학교교육

1) 국자감 – 중앙 관학, 고려시대의 대표적인 인재양성기관

2) 향교 – 지방 관학, 공립학교의 효시

3) 서당 – 사설 초등교육기관 (고구려 경당→고려 서당→조선 서당)

2. 과거제도

1) 고려의 과거제도 – 인재 선발, 왕권강화 / 문과, 무과, 승과(스님을 대상)

2) 과거제도의 장단점

　① 장점 : 능력에 의한 관리 등용

　② 단점 : 과도한 경쟁, 시험과목의 제한, 유교경전을 암기하는 주입식교육

> 고려시대의 교육에서 불교와 유교가 공존하였다는 것을 알 수 있음

조선시대의 과거제도에는 문과, 무과, 잡과가 있었음

5 조선시대의 교육

1. 조선시대의 관학 X3

1) 성균관 – 조선시대 최고의 학부, 국가 지배이념을 연구하고 보급

2) 사학 – 성균관의 부속중등학교

3) 향교 – 지방의 중등교육기관

2. 조선시대의 사학 X2

1) 서원 – 사립 중등교육기관, 향교가 쇠퇴하면서 생김

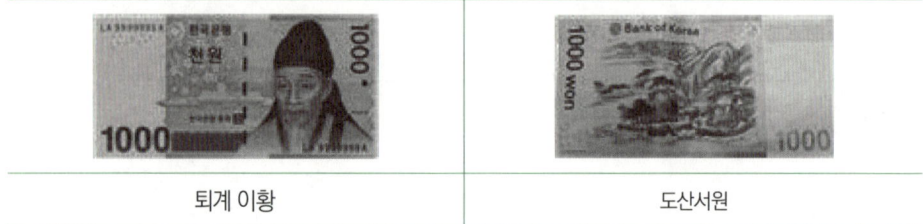

| 퇴계 이황 | 도산서원 |

2) 서당 – 사설 초등교육기관, 문자계몽, 평생교육적(연령제한X), 현대적 의의

3. 성리학*

1) 개념 : 우주의 근원(ㅇㄱㄹ)과 인간의 심성 문제(4단7정론)를 형이상학적으로 해명하려는 철학

2) 이기론(理氣論) – "우주는 어떻게 이루어져 있는가"를 설명하는 틀

  ① 세계의 모든 사물 및 인간은 이와 기의 결합으로 존재

  ② 이(理) : 사물 생성의 근본 원리. 변하지 않는 것.

  ③ 기(氣) : 사물 생성의 근본 재료. 변하는 것.

ㅈㄹㄹ(主理論)	비교하며 이해하기	ㅈㄱㄹ(主氣論)
이기이원론		이기일원론
이기호발설 : 이는 이대로, 기는 기대로		기발이승일도설 : 기 작용, 이 올라탐, 둘은 하나
이 > 기		이 < 기
위기지학(자기성찰)		위인지학(사회적 실천)
이와 기는 다르다		이와 기는 같다
퇴계 이황		율곡 이이

위인지학의 관점을 비판한다면?

3) 심성론

　① 본연지성 : 모든 인간의 마음 속에 본래 존재하고 있는 이(理)

　　　　→ 사단(四端) : 본성에서 우러나오는 선한 마음씨

　② 기질지성 : 기(氣)에 의해 형성, 기질지성

　　　　→ 칠정(七情) : 감각적 작용으로 나타나는 본능

◆ 위기지학(자신의 내면 완성을 위한 공부) → 교육의 내재적 가치
◆ 위인지학(남을 위한 공부) → 교육의 외재적 가치

> 더하기
> 성리학의 심성론은 사람의 마음에 대해 연구했다는 점에서 인성교육과 연관됨

4. 실학

1) 등장배경 : ㅅㄹㅎ(유학) 중심 세계관에 대한 비판

2) 교육원리 * X6

① 교육기회균등(신분제 타파)*	④ 개인차를 고려한 능력별 교육
② 공교육 중시 *	⑤ 성실인, 근로인, 유용인, 자주인 양성
③ 단계적 학제	⑥ 민족 주체성 확립

> 더하기
> 실학은 경험적, 실증적, 귀납적임

6　개화기의 교육

1. 갑오개혁 이후의 교육개혁

1) 학무아문고시* – 교육개혁에 대한 대내적 선포
   ① 기회균등
   ② 소학교와 사범학교 설립
   ③ 영재교육

2) 교육입국조서* – 구교육과 신교육의 분기점, 근대적 학제 확립
   ① 교육의 ㄱㅎㄱㄷ
   ② 자주적·근대적 교육과정
   ③ 전인교육(덕육·체육·지육)

> 교육입국조서의 교육적 의의는 무엇일까?

7　일제강점기의 교육

1. 조선교육령
 – 관학육성, 사학탄압, 우민화 정책(고등교육의 기회 제한), 민족혼 말살 정책

2. 민족교육운동
 – 문자보급운동, 조선본위의 교육 주장, 임시정부의 건국강령

MEMO

문제로 만나는 교육학

02 한국교육사

▶▶▶ 묻고 답하며 인출 연습을 해 봅시다.

▶ 연습문제

1 홍익인간의 개념은?

2 고구려 최초의 관학 고등교육기관은?

3 신라 화랑도의 교육적 의의는?

4 고려시대의 중앙 관학으로 고려시대 대표적인 인재양성기관은?

5 조선시대 지방의 관학이자, 중등교육기관인 것은?

6 조선시대의 사립 중등교육기관으로 향교가 쇠퇴하면서 생긴 것은?

7 우주의 근원과 인간의 심성 문제를 다루는 조선시대를 대표하는 철학은?

8 이기이원론, 이기호발설을 주장한 학자는 누구인가?

9 실학의 교육원리는? **x2** (6개 중 2개)

10 학무아문고시와 교육입국조서에서 공통적으로 강조하고 있는 것은?

▶▶▶ 스스로 묻고 답하며 학습한 이론을 깊게 떠올려 봅시다.

▶ 나만의 문제 5개 만들기

서양교육사

pedagogy

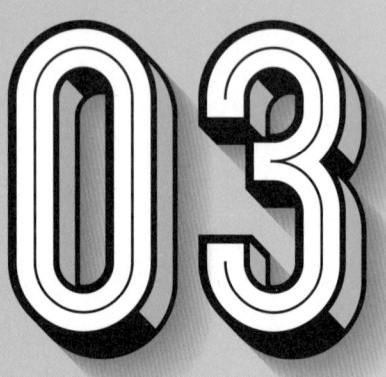

1. 고대의 교육
2. 중세의 교육
3. 르네상스 시대의 교육
4. 실학주의 교육
5. 계몽주의 교육
6. 신인문주의 교육

서양교육사는 이렇게

『서양교육사』에서는 무엇을 목표로 하나요?

『서양교육사』에서는 고대 그리스부터 19세기 신인문주의교육에 이르기까지 대표적인 교육 사상가들을 중심으로 시기별 교육의 개념과 특징을 이해하는 것을 목표로 합니다. 대표 학자들의 교육 목적, 내용, 방법은 언제든지 출제 가능성이 있습니다. 현대 교육에 어떤 시사점을 줄 수 있는지를 중점으로 살펴봅니다.

『서양교육사』에서는 무엇을 공부하나요?

1. **고대의 교육**에서는 그리스의 교육 사상가 중 소크라테스의 교육 방법과 아리스토텔레스의 교육목적 및 교육의 3요소를 파악하는데 집중합니다.

2. **중세의 교육**에서는 스콜라철학에서 시민교육에 이르기까지 변화의 흐름을 이해하고 기사도 교육과 시민교육 방법의 공통점을 살펴봅니다.

3. **르네상스 시대의 교육**에서는 개인적 인문주의와 사회적 인문주의를 비교하며 알아봅니다.

4. **실학주의 교육**에서는 인문적, 사회적, 감각적 실학주의 중 감각적 실학주의가 가장 중요하며 특히 코메니우스의 교육 사상은 꼼꼼하게 학습합니다.

5. **계몽주의 교육**에서는 자연주의, 범애주의, 합리주의 중에서 자연주의의 루소가 제일 핵심적인 부분이므로 루소의 소극적 교육에 대해서는 설명할 수 있을 정도로 공부합니다.

6. **신인문주의 교육**에서는 계발주의의 헤르바르트 교육 사상에 대해 자세히 살펴봅니다.

- 소크라테스의 문답법 → 문답법의 구체적인 2가지 교육 방법
- 페스탈로치의 교육사상 → 교육원리 찾기
- 현대사회의 과도한 사교육 → 루소의 소극적 교육 관점에서 비판하기

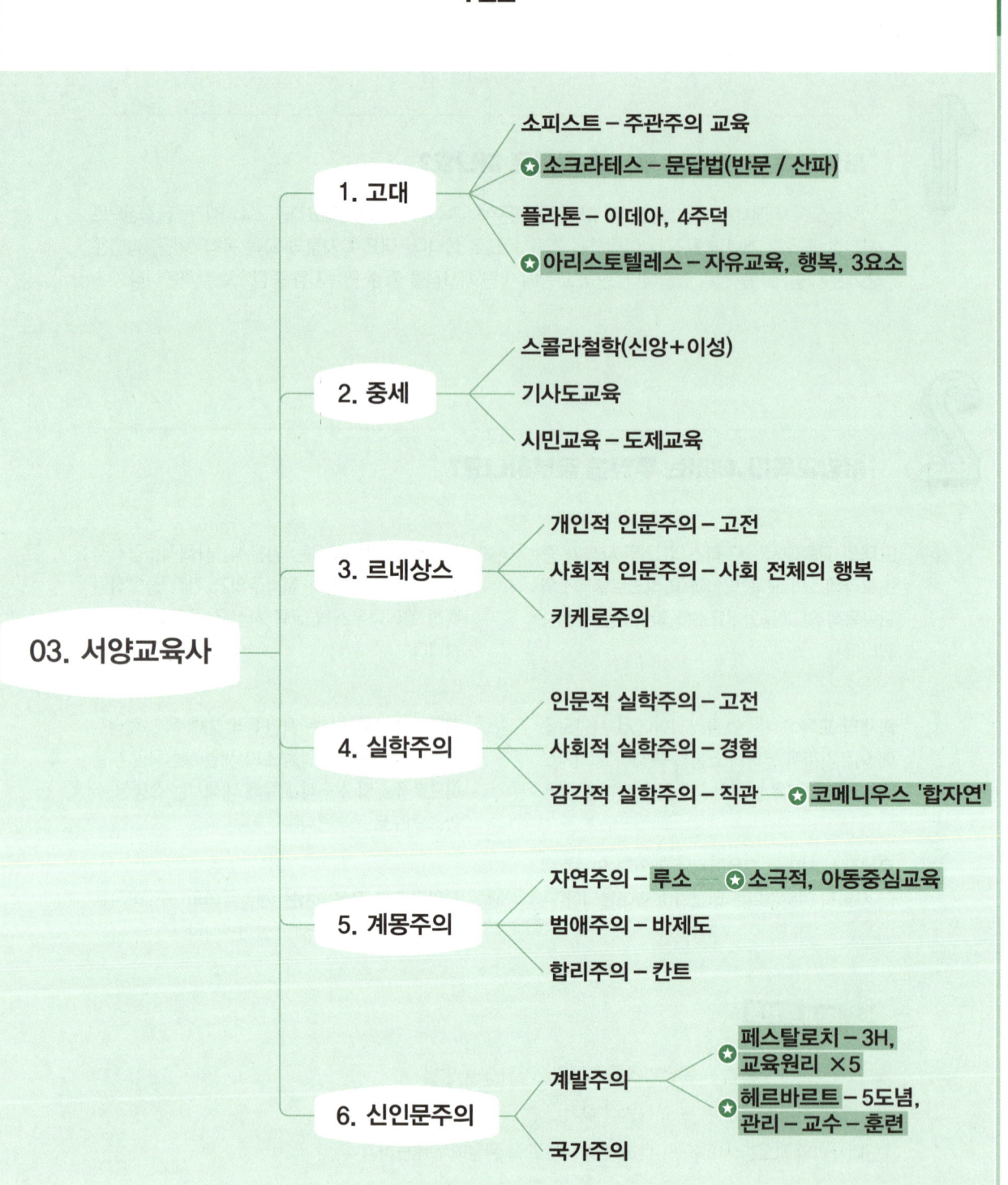

나의 마인드맵

03 서양교육사

1. 고대의 교육

1. 그리스의 교육

1) 스파르타 - 소수가 다수를 지배 → 전체주의, 국가주의, 군국주의
2) 아테네 - 진보적, 인문적, 개인주의적 자유주의 → 근대적, 현대적 교육
3) 소피스트 - 궤변학자, 영원불변의 진리는 없음, 주관주의 교육
4) 그리스의 교육 사상가

   ① 소크라테스*
   - 지덕합일설(덕=지식), 보편적 진리 o, 덕은 가르칠 수 있다. 덕교육
   - 교육 목적 : 도덕적 인간의 형성*
   - 교육 방법 : ㅁㄷㅂ (반문법 / 산파법)*

     [반문법] 무의식적 무지 → 의식적 무지(자신의 무지를 자각한다)

     [산파법] 의식적 무지 → 진리

   ② 플라톤
   - 소크라테스의 제자, 국가론, 관념론, 이데아론(이상계와 현상계)
   - 교육 목적 : 완전한 국가의 건설. 진·선·미 추구, 이데아의 실현
   - 한계 : 서민계급의 교육기회를 제한, 교육의 기회균등 X
   - 플라톤의 4주덕 : 지혜(철학자), 용기(군인), 절제(노동자), 정의(조화)

   ③ 아리스토텔레스*
   - 플라톤의 제자, ㅈㅇㄱㅇ*(liberal education, 교양교육) 기출2015_하
   - 교육 목적 : 중용의 덕, ㅎㅂ(진리를 명상할 수 있는 관조적인 삶)
   - 교육의 3요소* : 본성(nature), 습관(habit), 이성(reason)

사상가	사상	목적	방법	
플라톤	이원론(이상/현실)	ㅇㄷㅇ의 실현	연역적	4주덕
아리스토텔레스	일원론(이상은 현실 속에)	ㅎㅂ의 실현	귀납적	3요소

2. 로마의 교육
- 실용적 목적, 국가에 유용한 시민 양성

더하기
고대 그리스의 문화는 현세적, 인간 중심적, 인본주의의 성격을 나타냄

교사가 주도하는 강의식 수업을 보완하는 방법은 무엇일까?

우리나라 교양교육의 문제점은 무엇이고, 공교육에서 어떻게 보완할 수 있을까?

2. 중세의 교육

1. 스콜라철학 (9,10c~14c)

1) 교육 목적 : 신앙+이성의 조화

2) 교육 방법 : 강의, 필사, 토론

3) 대표 학자 : 토마스 아퀴나스

4) 의의 : 수도원주의(도덕적 도야) → ㅅㅋㄹ주의(지적 도야), 지적 도야 중심의 교육으로 지식의 체계화에 치중하게 되어 개인의 창의성·개성에 소홀하였음

2. 기사도교육

1) 등장 배경 : 봉건제도의 성립

2) 교육 목적 : 기독교적인 무인양성, 전인양성

3) 교육 내용 : 3R's, 승마, 사냥, 체스, 봉사정신 등

4) 교육 방법 : 현업교육, 실무교육, 비형식적 교육

3. 시민교육

1) 등장 배경 : 십자군 전쟁 이후 중세 도시의 상공업 발달

2) 교육 목적 : 경제력을 배경으로 하는 새로운 시민계급의 교육

3) 시민학교 : 실생활에 필요한 교육, 세속적 목적 추구, 복선형 교육

4) ㄷㅈㄱㅇ제도(apprenticeship)*
 – 직업기술 교육의 필요를 충족시키기 위하여 발달한 교육제도
 (도제 단계 - 직공 - 조합의 심사 후 장인으로 인정 받음)

더하기
수도원학교의 교육과정은 다양했음
(초등 : 3R's, 성경, 고등반 : 7자유학과)

더하기
중세시대의 전기는 교회학교, 후기는 시민학교가 중심을 이뤘음

※ 도제교육의 장점은 무엇일까?

르네상스는 중세의 신 중심 사회에서 인간중심 사회로 복귀하려는 운동. 고대 그리스와 로마의 문예로 돌아가자는 문화의 부흥, 인간성을 존중하는 휴머니즘 성격을 나타냄

사회적 인문주의의 영향을 받아 16세기경 종교개혁이 일어남. 종교개혁의 영향으로 공교육제도의 기틀이 마련됨

3 르네상스 시대의 교육 (문예부흥기의 인문주의 교육) X3

1. 개인적 인문주의 (전기)
1) 지역 : 남부 유럽
2) 특징 : 자유인문주의, 개인적, 심미적, 귀족적
3) 교육 목적 : 고전을 수단으로 ㅈㅇㅇ의 양성

2. 사회적 인문주의 (후기)
1) 지역 : 북부 유럽
2) 특징 : 고전본위의 인문주의, 사회적, 도덕적, 대중적
3) 교육 목적 : 사회 전체의 행복, 종교·사회 개혁

3. 키케로주의 (=형식적 인문주의 교육)
1) 특징 : 키케로의 문장을 가장 우수한 것으로 간주, 언어주의
2) 비판 : 지나친 형식주의적 인문주의 교육에 반발하여 ㅅㅎㅈㅇ 교육 등장

4 실학주의 교육 (17C) (Realism) X3

1. 인문적 실학주의
1) 교육 내용 : ㄱㅈ 교육
2) 특징 : 인문주의→실학주의 과도기, 고전 교육 수용하되 실생활 관련 내용 강조

실학주의는 교육의 이론 및 실제에서 관념적인 것보다 실용성과 실천성을 중요시하는 교육 사조.
과학의 발전, 지리상의 발견이 실학주의의 등장 배경임

2. 사회적 실학주의
1) 교육 내용 : 사회생활의 ㄱㅎ
2) 특징 : 삶의 지혜를 기르는 교육, 세상이 가장 훌륭한 교과서, 사회적 활동 강조
3) 대표 학자 : 몽테뉴(Montaigne), 로크(John Locke)

3. 감각적 실학주의* (=과학적 실학주의)
1) 교육 내용 : 직접 경험, 실물, 표본, 그림 등 (실물학습 > 책)
2) 특징 : 과학적 실학주의, 과학의 지식과 연구방법을 교육으로, 감각적 직관 강조
3) 대표 학자 : 라트케(Ratke), ㅋㅁㄴㅇㅅ(Comenius)

4. 실학주의 교육사상가

1) 로크(Locke) - 사회적 실학주의이자 계몽주의 사상가

① 교육 목적 : 교양 있는 신사 양성

② 교육 내용 : 체·덕·지(형식도야설) 구비

③ 교육 방법 : 경험, 관찰, 칭찬을 통한 훈육

④ 형식도야설 : 인간의 마음을 구성하는 기본능력(기억력, 추리력 등)은 연습을 통해 강화시킬 수 있고, 그 효과가 다른 교과에도 전이됨   예) 수학공부 → 합리적 사고

⑤ ㅂㅈㅅ : 인간의 타고난 마음은 백지와 같다 → 후천적 경험 중시

> 로크의 형식도야설과 연결되는 교육과정의 유형은 무엇일까?
>
> **더하기**
> 형식도야설은 능력심리학에 기초를 둠. 능력심리학이란 정신활동의 과정을 몇 가지 능력으로 설명하고자 하는 것

2) 베이컨(Bacon) - 감각적 실학주의

① 교육 목적 : 개인의 자발성과 자유로운 지적 탐구 정신

② 교육 내용 : 사물의 관찰, 실험을 통해 얻어진 경험

③ 교육 방법 : 귀납적 방법

④ 기타 : 참된 진리를 얻기 위해서는 4가지 우상(편견)을 버려야 한다

베이컨의 4가지 우상(Bacon's idols)		
우상	개념	예시
종족	모든 인간의 종족에게 공통된 편견	저 새는 자유롭게 날아다녀서 행복하겠다 - 인간중심적 해석
동굴	각 개인의 특유한 편견	아 여기가 세상에서 가장 큰 섬이구나 - 우물안 개구리
시장	ㅇㅇ에 의해서 생기는 편견	인어라는 말이 있으니 인어는 있다 - 언어의 잘못
극장	철학의 독단에 의해서 생기는 편견	유명한 학자가 지구는 평평하다고 하니, 지구는 평평하다 - 유명세, 권위 등

3) 코메니우스(Comenius)* - 감각적 실학주의

① 교육 목적 : 신과 함께 천국에서 영원한 행복, 신학적 자연주의

② 교육 내용 : ㅂㅈㅎ(凡知學) 교육 → 모든 사람에게 모든 것을 가르친다

③ 교육 방법 : 합자연의 원리*, 직관의 원리, 집단훈육의 강조

④ 기타 : 세계 최초의 그림이 있는 교과서 『세계도회』 저술

※ 코메니우스의 "ㅎㅈㅇ의 원리" : 자연의 질서에 따른 교육 방법

[자연의 법칙]	[교수 방법]
자연은 적당한 시간을 선택	아동의 발달단계에 따라 교수
자연은 쉬운 것에서 곤란한 것으로 옮겨감	쉬운 것→어려운 것 순서로 배열(계열성)
자연은 불필요한 일을 하지 않음	미래 생활에 가치가 있는 것만을 교육
자연은 질서가 있어 한 가지씩 완성	한 번에 한 가지씩 배우도록 함
형체를 만들기 전에 재료를 준비	교구를 준비하여 사물을 이해시켜야 함

5. 계몽주의 교육 (18C) ×3

♣ 계몽주의 교육의 특징 ♣

1) 개념
   - 절대왕권에 반발하여 개인의 자유와 권리를 되찾으려는 혁신 사조
   - 인간이 보편적으로 가지고 있는 이성을 최고의 원리로 삼아 자유롭게 사고하고 연구하여 모든 권위와 전통을 비판하고 바로잡아 합리적인 사회를 건설하려는 사상

2) 교육 목적 : ㅇㅅ의 계발

3) 교육 내용 : 실용적 교과, 직업 교육

계몽이란 무지함을 일깨운다는 뜻

소극적 교육이란 자신의 눈으로 보고, 가슴으로 느끼며 이성이 아닌 어떤 권위에 의해서도 지배당하지 않으며 교육 받는 것을 의미함

1. 자연주의 (18C 후반 - 19c 전반) - 루소 (Rousseau)

1) 개념
   - 계몽사상의 지나친 합리주의 경향에 반발, 인간의 감성을 중요시하고 전인교육을 강조하는 교육사상

2) 특징 : 'ㅈㅇㅈ ㅂㅅ을 따르는 교육'
   - '자연적 본성을 따르는 교육'을 위해 고려해야 할 요소 ×4
   ① 유전적 특징 - 인간을 다른 동물과 구별되게 함
   ② 성별의 차이 - 에밀의 배우자가 될 소피의 교육을 따로 다룸
   ③ 연령별 차이
   ④ 개인별 차이

> 루소의 자연적 본성을 따르는 교육과 현대 교육의 유사점은 무엇일까?

3) 인간상 : 고상한 야만인(novel savage)

4) 대표 학자 : 루소 (성선설)*

 ① 교육 목적 : 자연인 양성

 ② 교육 내용 : 교육의 3요소(자연·인간·사물에 의한 교육)

 ③ 교육 방법 X5

  - 합자연, 주정주의(감성), 실물(직관)교육

  - ㅅㄱㅈ 교육, ㅇㄷㅈㅅ 교육* (아동은 성인의 축소판X)

 ④ 교사의 역할* : "정원사" – 안내자, 조력자, 촉진자, 보조자

 ⑤ 비판 : 소극적인 여성교육관, 사회 및 학교교육↓, 방임주의, 직업도야↓

2. 범애주의 – 바제도 (Basedow)

1) 개념 – 루소 자연주의 교육원리에 따라 계몽사상의 박애주의를 실천하려는 교육사상

2) 특징 – 개인의 행복과 동시에 공익 중시, 실과교육, 언어교육, 교과서와 교구 개발

3. 합리주의 – 칸트 (Kant)

1) 개념

 - 자연주의 교육을 새로운 합리적 입장에서 수정, 보완

 - 이성을 훈련시켜 ㅇㅅ의 자유를 속박하는 기존의 권위를 제거하고자 함

2) 특징

 - "인간은 교육을 통해서만 인간이 된다."

 - 교육만능설, 교육보편설, 도덕적 자연주의

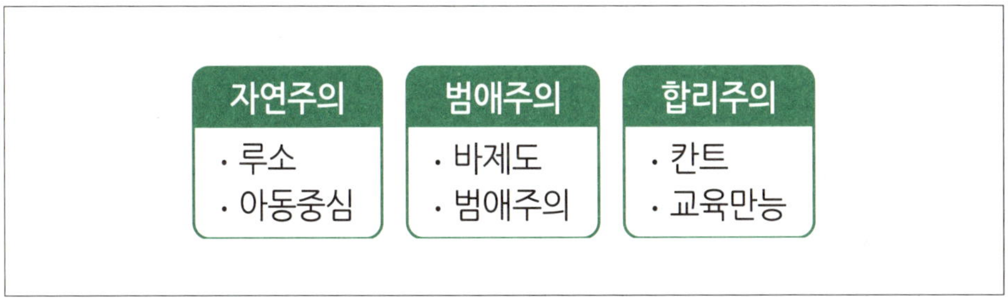

> 루소의 관점에서 현대 우리나라 교육의 문제점을 진단하고 그 해결책을 제시한다면?

> 범애란 인간에 대한 넓은 사랑을 뜻함.

자연주의	범애주의	합리주의
· 루소 · 아동중심	· 바제도 · 범애주의	· 칸트 · 교육만능

[그림 1. 18세기 계몽주의 교육]

6. 신인문주의 교육 (19C) X2

♣ **신인문주의 교육의 특징** ♣

신인문주의는 고대 문화에 대한 형식적·기계적인 모방을 극복하고 그리스 고전 속에 담긴 정신을 본받고자 함

1) 개념
   - 18세기 계몽사조의 지나친 합리주의, 개인주의적 경향에 대한 반동으로 일어남
   - 19세기 초 독일에서 시작, 감정주의, 민족주의, 역사주의를 주장

2) 특징
   - 고대 그리스 문화의 핵심인 ㅇㄱㅅ의 조화로운 발달
   - 인간의 보편성 보다는 개성과 역사 및 민족의 특수성 강조
   - 미적·예술적 발달, 비합리주의

3) 계몽주의 vs 신인문주의(new humanism)

계몽주의 (18C)	합리주의	반역사주의	사해동포주의	초국가주의
신인문주의 (19C)	감정주의	ㅇㅅ주의	ㅁㅈ주의	국가주의

1. 계발주의 – 페스탈로치, 헤르바르트, 프뢰벨

1) 개념
   - 아동의 잠재력을 ㄱㅂ하는 데 중점을 두는 아동중심 교육

2) 특징
   - 합리주의 + ㅈㅇ주의

페스탈로치는 교육의 본질을 '인간성을 계발하는 일'이라보았는데 이는 루소의 교육관을 계승한 것임

> 전인교육 관점에서 페스탈로치의 인간성(3H)을 해석해 본다면?

3) 페스탈로치(J. Pestalozzi) 의 교육 사상 – 교육의 성자, 실천가
   ① 교육 목적 : 인간성(3H-head, heart, hand)의 조화로운 발달
   ② 교육 내용 : 직관의 3요소(수, 형, 어)
   ③ 교육 방법 : 합자연, ㄴㅈㄱㅇ, 직관, 교사와 학생간의 신뢰관계

> 학생 중심의 교육과 관련되는 페스탈로치 교육 원리는?

   ④ 교육 원리* X5
      가. ㅈㅂㅅ의 원리 – 아동 내부에 있는 자연의 힘 (주입식X)
      나. 조화의 원리 – 3H의 조화로운 발달, 지적·도덕적·신체적 능력
      다. ㅂㅂ의 원리 – 발달단계에 따라 교수(점진적 발달의 원리)
      라. 직관의 원리 – 직접 경험, 체험
      마. 사회의 원리 – 사회적 맥락, 관계 속에서 계발 (루소와 다른 점)

4) 헤르바르트(Herbart) 의 교육 사상 – 교육학의 아버지

① 교육 목적 : 학생의 ㄷㄷㅅ 함양(5도념)

　가. 내면의 자유 : 도덕적 판단과 도덕적 의지가 일치도록

　나. 완전성 : 하나의 의지가 행동으로 실천될 수 있도록(강력, 충실, 조화)

　다. 호의 : 타인의 행복을 자기 의지의 대상으로

　라. 정의 : 서로 다른 의지를 합리적으로 해결하도록

　마. 보상 : 선과 악에 따른 보상 또는 대가를 받도록

② 교육 내용 : 아동의 **다면적 ㅎㅁ**

③ 교육 방법

　가. 관리 : 교수 및 훈련을 받을 수 있는 준비 상태(일시적)

　나. ㄱㅅ(명료-연합-계통-방법)* : 지식, 기능, 도덕적 품성을 형성

　다. 훈련 : 교재를 매개로 X, 아동의 도덕적 품성을 강화(영속적)

④ 헤르바르트의 4단계 교수방법

단계	내용		
1. 명료	대상을 뚜렷하게 인식	정적 전심	전심 concentrating (하나의 대상에 집중)
2. 연합	이미 있는 관념에 결합	동적 전심	
3. 계통	연관된 관념을 체계적으로 조직	정적 치사	치사 reflection (비교, 조정, 관계맺기)
4. 방법	체계화된 지식을 활용, 응용	동적 치사	

예) 교육학의 세세한 내용 알기 – 사전 지식에 덧붙이기 – 영역별로 정리 – 스터디 문제 만들기

> 헤르바르트의 교육목적과 현대 교육 목적의 유사한 점은?

> **더하기**
> 헤르바르트는 도덕적 행위가 다섯 개의 측면으로 이루어져 있으며 어느 한 가지라도 결여되면 완전한 도덕성이 될 수 없다고 보았음

2. 국가주의 – 피히테(Fichte)

1) 개념

　– 국가의 보존과 번영을 최고의 가치로 삼는 이념

　– 시민의식 함양, 교육체제 확립(공교육제도와 ㅇㅁㄱㅇ제도의 근거)

2) 특징

　– "독일 국민에게 고함"왜 독일이 패배하였는가? 개인주의적 이기심 때문

> **더하기**
> 1806년 나폴레옹의 침략 전쟁으로 독일 국민의 도덕적 각성과 단결이 교육개혁을 촉발하였다는 점이 국가주의의 등장배경임

● 03 서양교육사

▶▶ 묻고 답하며 인출 연습을 해 봅시다.

연습문제

1. 소크라테스의 대표적인 교육 방법은?

2. 소크라테스의 교육 관점에서 교사의 역할은?

3. 아리스토텔레스가 강조한 교육의 3요소는?

4. 중세 기사교육의 특징이 현대교육에 주는 시사점은?

5. 르네상스 시대의 개인적 인문주의와 사회적 인문주의의 차이점은?

6. 코메니우스의 합자연 원리 중 현대의 교수·학습 방법과 유사한 부분은?

7. 루소의 '소극적 교육'의 관점에서 현대 교육의 비판점은?

8. 현대의 관점에서 보았을 때 루소 교육사상의 한계점은?

9. 페스탈로치가 강조한 인간성(3H)의 계발은 무엇을 의미?

10. 19세기 피히테의 국가주의 교육이 현대교육의 역할에 주는 시사점은?

▶▶ 스스로 묻고 답하며 학습한 이론을 깊게 떠올려 봅시다.

▶ **나만의 문제 5개 만들기**

교육철학

1. 교육철학의 이해
2. 20세기 전반의 교육철학 (미국)
   1) 진보주의
   2) 본질주의
   3) 항존주의
   4) 재건주의
3. 20세기 후반의 교육철학 (유럽)
   1) 실존주의
   2) 포스트모더니즘
   3) 기타

교육철학은 이렇게

『교육철학』에서는 무엇을 목표로 하나요?

『교육철학』에서는 다양한 교육철학의 연구영역과 기능, 20세기 전후반 교육사조에 따른 교육의 방향성 제시가 어떻게 달라지는지 이해하는 것을 목표로 합니다. 20세기 전반과 후반의 교육철학은 현재의 교육과정에도 지속적인 영향을 주고 있으므로 현대 교육의 목적 및 방법과 접목시키면서 주의깊게 살펴보아야 하는 부분입니다.

『교육철학』에서는 무엇을 공부하나요?

1. **교육철학의 이해**에서는 교육철학의 연구 영역과 기능을 이해합니다.

2. **20세기 전반의 교육철학**에서는 진보주의, 본질주의, 항존주의, 재건주의의 교육내용 및 원리와 방법을 이해하되, 특히 듀이의 진보주의를 자세히 살펴봅니다.

3. **20세기 후반의 교육철학**에서는 실존주의와 포스트모더니즘의 분석철학, 교육적 시사점을 상세히 확인하고 주요 키워드 중심으로 학습합니다. 기타 교육 철학으로 구조주의, 분석철학, 해석학, 비판철학, 인간주의, 신자유주의는 교육 사례를 보았을 때 명칭을 찾을 수 있는 수준에서 비교해 봅니다.

- 본질주의에 관한 제시문 → 교육 내용, 교육 방법
- 포스트모더니즘 사상을 담은 대화문 → 포스트모더니즘의 지식관, 학습자관

교육철학 구조도

04. 교육철학

- **교육철학의 이해**
  - 연구 영역 — 존재론, 인식론, 가치론, 논리학
  - 기능 — 분석적, 평가적, 사변적, 통합적

- **20세기 전반의 교육철학**
  - ★ 진보주의 — 경험중심, 듀이
  - 본질주의 — 교과, 학문중심
  - 항존주의 — 교과중심, 인간성 회복
  - 재건주의 — 사회적 자아실현, 미래중시

- **20세기 후반의 교육철학**
  - ★ 실존주의 — 지금 & 여기, 만남 / 볼노브
  - ★ 포스트모더니즘 — 상대적, 다원적 지식
  - 구조주의 — 보편적 질서 / 피아제, 브루너
  - 분석철학 — 객관적인 지식체계 / 피터스
  - 해석학 — 이해의 문제 / 하버마스
  - 비판주의 — 의식화교육 / 프레이리
  - 인간주의 — 비인간화 현상 극복 / 로저스

나의 마인드맵

04 교육철학

1 교육철학의 이해

1. 교육철학의 연구 영역 (철학의 분류)

1) 존재론
   ① 무엇이 실재하는가? What is real? 존재의 본질 탐구
   ② 관념론, 실제론, 프래그머티즘, 일원론, 이원론

2) 인식론
   ① 무엇이 진리인가? What is true? 진리의 근거 규명
   ② 절대론, 상대론, 회의론

3) 가치론
   ① 무엇이 가치있는가? What is valuable? 가치의 근거 탐구
   ② 윤리학, 미학, 객관주의, 주관주의, 가치 절대주의, 가치 상대주의

4) 논리학
   ① 결론에 도달하기까지 사고 과정이 타당한가? 사고의 규칙 탐구
   ② 분석철학, 논리적 실증주의

> 더하기
> 존재론의 연구 영역은 성리학과 유사함

2. 교육철학의 기능 (역할)

1) ㅂㅅㅈ 기능
   - 언어의 의미 명료화, 언어의 애매성과 모호성 없애는 일
   - 예) 행복이란 무엇인가?, 교육이란 무엇인가?

2) 평가적 기능
   - 규범적 기능 합리성 여부의 평가, 가치판단을 하는 일
   - 예) 자유학기제의 실시 확대는 바람직한가?

3) ㅅㅂㅈ 기능
   - 형이상학적 기능, 구성적 기능, 어떤 문제를 해결하기 위해 생각에 잠기는 것
   - 비전, 대안, 방향성 제시

4) 통합적(종합적) 기능
   - 종합적 기능. 가장 고유한 기능
   - 교육현상을 이해하기 위해 기초 학문들의 서로 다른 관점 연결

3. 분석적 인식론에 근거한 지식의 종류

1) 명제적 지식 : know what

- ~임을 안다. 명제로 표현한 지식
- = 선언적 지식, 정적 지식, 지구가 둥글다는 것을 아는 것
- 예) 자전거의 종류와 명칭을 안다.

2) ㅂㅂㅈ 지식* : know how

- ~할 줄 안다. 어떤 과제의 절차와 방법에 대한 지식
- = 절차적 지식, 묵시적 지식, 과정적 지식
- 예) 자전거를 탈 줄 안다. 지구가 둥글다는 점을 이용하여 먼 바다를 항해할 줄 아는 것

> 더하기) 명제적 지식의 종류에는 사실적 지식, 논리적 지식, 규범적 지식이 있음

> 미래교육에서 강조해야 할 지식의 유형은 무엇일까?

2. 20세기 전반의 교육철학 (미국)

1. 진보주의* (Progressivism, 1920년대)

1) 등장 배경

① 전통적 교육에 대한 비판, 교육개혁운동(교사, 교과중심→아동, 경험중심)

② 사상적 기초 : 18세기 루소의 자연주의 + 듀이의 실용주의

2) 대표 학자 : 듀이(Dewey)*, 킬패트릭(Kilpatarik)

3) 교육 목적 : 현실생활에 적응할 수 있는 전인적 인간 양성

4) 교육 내용

① 현실생활의 경험

② ㄱㅎㅈㅅ 교육과정(활동중심)

5) 교육 원리

① 심리적 배열

② 아동의 발달 단계에 따른 배열

6) 교육 방법 : 반성적 사고, 문제해결학습, 프로젝트 학습, 개별학습, 협력학습

7) 진보주의에 대한 비판

① 사회적 요구 무시, 교육의 비효율성

② 기초 지식, 교과의 중요성 간과, 기초학력 저하

8) 주요 문장

① "반성적 사고는 실생활의 문제 해결을 위한 도구"

② "교사의 역할은 조력자, 안내자"*

③ "경험의, 경험에 의한, ㄱㅎ을 위한 교육"

> 더하기) '행함으로써 배움' learning by doing

> 진보주의의 주요 교육 내용과 교육방법은 무엇일까?

> 더하기) 듀이는 학교를 이상적인 사회이자 민주주의 사회의 축소판(micro society)으로 보았음

2. 본질주의 (Essentialism, 1930년대)

1) 등장 배경

① 1929년의 경제공황의 원인을 진보주의 교육의 기초 학력 저하에서 찾음

② 전통문화를 경시하는 진보주의 교육에 대한 비판

2) 대표 학자 : 베글리(Bagley)

3) 교육 목적 : 문화전수

4) 교육 내용 : ㅁㅎㅇㅅ, 전통

① [전기] 교과중심 교육과정 – 인문사회과학

② [후기] 학문중심 교육과정 – 자연과학

5) 교육 원리

① [전기] 문화유산 + 논리적 배열(교과의 체계를 따름)

② [후기] 교과 + 절충적 배열(교과의 체계와 아동의 발달단계 모두 고려)

6) 교육 방법

① [전기] 교사중심, 강의

② [후기] 아동중심, 발견학습, 탐구학습

7) 본질주의에 대한 비판

> ♦ 본질주의에 대한 비판점입니다. 어떤 교육철학의 관점인지 분류해보세요.
>
> • 민주시민 양성에 부적합 (   )
>
> • 기본적 지식과 기술 전수만을 중시하고 절대적 진리에 소홀 (   )
>
> • 미래의 전망과 사회혁신의 자세가 결여 (재건주의)

8) 주요 문장

① "기초로의 회귀운동(Back to the basic)"

② "교사는 문화유산의 전달자"

> 진보주의와 본질주의에서 교사의 역할은 어떻게 다를까?

3. 항존주의 (Perennialism, 1940년대)

1) 등장 배경

　　① 제2차 세계대전 이후 등장

　　② 진보주의 교육운동에 대한 대항으로 등장한 보수적인 교육철학

2) 대표 학자 : 허친스(Hutchins), 아들러(Adler)

3) 교육 목적 : 이성의 철저한 도야를 통한 참된 ㅇㄱㅅ 회복

4) 교육 내용

　　① 고전읽기(great books)

　　② 일반교양교육, 고대 및 중세의 절대적 가치인 진·선·미

　　③ ㄱㄱㅈㅅ 교육과정

5) 교육 원리 : 논리적 배열(교과의 체계)

6) 교육 방법 : 교사중심 수업

7) 항존주의에 대한 비판

　　① 전인교육에 위배

　　② 현실경시, 소수의 지적 엘리트를 위한 교육

8) 주요 문장

　　① "이 하늘 아래 새로운 것은 하나도 없다"

　　② "영원불변하는 진리의 세계로 돌아가자"

진보주의	현재 중시
본질주의	과거 중시(보수)
항존주의	과거 중시(복고)
재건주의	미래 중시

4. 재건주의 (Reconstructionism, 1950-1960년대)

1) 등장 배경

　　① 사회 문화적 위기(인종갈등, 불평등 등)

　　② 현대 사회의 위기를 진보주의, 본질주의, 항존주의 교육으로 극복X

2) 대표 학자 : 카운츠(Counts), 브라멜드(Brameld)

3) 교육 목적 : 개인의 ㅅㅎㅈ ㅈㅇㅅㅎ, 사회의 민주적 개혁

4) 교육 내용 : 사회적 자아실현을 위해 가치 있는 경험들

5) 교육 원리 : 절충적 배열(ㄴㄹ적 배열 + ㅅㄹ적 배열)

6) 교육 방법 : 협동학습, 학교와 지역사회의 관련성, 정치적 참여

7) 재건주의에 대한 비판

　　① 지나치게 미래지향적

　　② 교육의 역할과 민주주의에 대한 지나친 기대

8) 주요 문장 : "학교는 새로운 사회질서를 세울 수 있는가" by 카운츠

재건주의는 진보주의를 계승하면서, 항존주의와 본질주의의 장점을 수용함

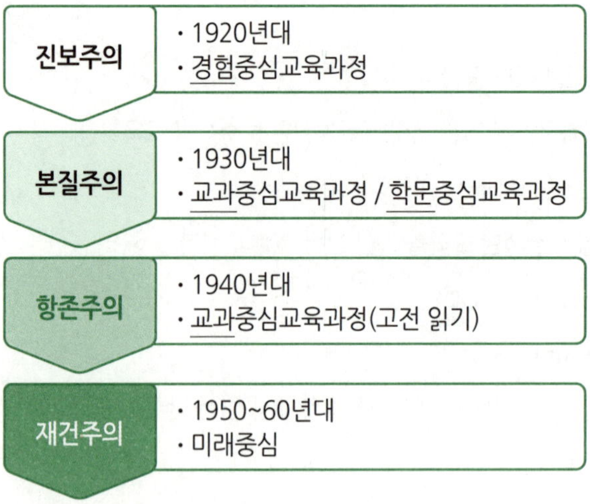

진보주의	· 1920년대 · 경험중심교육과정
본질주의	· 1930년대 · 교과중심교육과정 / 학문중심교육과정
항존주의	· 1940년대 · 교과중심교육과정(고전 읽기)
재건주의	· 1950~60년대 · 미래중심

[그림 2. 20세기 전반 교육철학의 흐름]

3. 20세기 후반의 교육철학 (유럽)

1. 실존주의* (existentialism)

1) 등장 배경

   ① 세계대전과 후기산업사회의 비인간화

   ② 현대문명비판, ㅇㄱㅅ 회복

2) 개념

   ① 인간 내부 문제를 중시하는 자기반성적 철학

   ② 실존 : '지금 & ㅇㄱ'에서의 나의 삶

3) 특징 : 개성 존중, 전인성 중시, 자아실현, 전인교육 지향

4) 교사의 역할

   ① 학생 각자의 실존에 알맞은 적절한 ㅁㄴ을 예비하는 사람

   ② 비연속적, 단속적 교육

5) 대표 학자 : 볼노브(Bollnow), 부버(Buber), 메를로 퐁티(Merleau-Ponty)

> **더하기**
> 실존주의를 탐구하는 방법으로 현상학이 있으며, 현상학은 경험적 현상에 관한 학문임. 현상학은 내 생각과 내 느낌이 중요하다는 입장

2. 포스트모더니즘* (postmodernism)

1) 등장 배경

   ① 주지주의 교육과 전통교육의 문제점 제시

   ② 모더니즘 이후 발생한 예술·문화 운동

2) 개념

   ① 보편적 진리의 존재를 의심

   ② 이성이나 합리성의 절대성 거부

3) 특징 : 다양한 가치, 신념, 문화의 차이 인정

4) 교육적 시사점

   ① 공교육의 재개념화 - 다양한 형태의 대안적 교육 추구   예) 홈스쿨링

   ② 지식관 - 상대적, 다원적, 주관적 지식, 교육과정의 다양성

   ③ 학습자관 - 학습자는 능동적·주체적 존재

   ④ 구성주의, 수행평가, 영 교육과정

5) 비판점

   ① 대안을 이론적인 수준에서 제시하지 못함

   ② 교육의 전체 방향이나 가치에 대한 합의가 어려움

6) 대표 학자 : 푸코(Foucault), 데리다(Derrida), 들뢰즈(Deleuze)

> **포스트모더니즘의 교육적 의의는?**
> - 교육 내용
> - 교육 방법
> - 교육 과정

> **더하기**
> 사회학자로서 푸코는 학교를 감옥과 비교하기도 하였음. 푸코는 훈육을 권력에 길들여진 인간을 만들어내는 방법으로 보았으며, 훈육의 도구로 관찰(감시), 규범적 판단, 시험(검사)이 있다고 보았음

3. 기타 - 그 밖의 20세기 후반 교육철학

1) 구조주의
   ① 인간의 주관적 행위보다 구조를 우선시, 실존주의와 대립
   ② 어떤 보편적인 질서를 찾으려는 노력
   ③ [대표 학자] : 피아제(Piaget-인지구조), 브루너(Bruner-지식의 구조)

2) 분석철학
   ① 교육철학을 주관적 신념체계가 아닌 객관적인 지식체계로 이루어진 독자적 학문으로 발전시키고자 노력
   ② 학문적 지식체계를 만들었으나 교육적 비전의 제시나 처방 미흡
   ③ [대표 학자] : 피터스(Peters)

3) 해석학

해석학에서는 교사의 역할을 '전통의 해석자'라고 보았음

   ① 이해의 문제를 다루는 철학, 인간행위의 의미를 ㅇㅎ
   ② 교육활동에서 대화 중요성 강조, '인간은 이해하는 존재'(하이데거)
   ③ [대표 학자] : 하버마스(Habermas), 하이데거(Heidegger)

4) 비판철학
   ① 교육문제에 대하여 정치사회적인 관점을 취함
   ② 학교체제에 대하여 비판적인 시각, 의식화교육
   ③ 교육목적 - 인간 의식을 억압의 영향에서 해방시키는 것
   ④ 교육방법 - 사회문제 중심으로 학교교육 진행
   ⑤ 비판점 - 학교교육의 순기능 평가 절하
   ⑥ [대표 학자] : 프레이리(Freire), 하버마스(Habermas)

프레이리는 전통 교육을 교사가 학생에게 지식을 주입하는 '은행 저금식' 교육이라고 비판하며 '문제제기식' 교육을 지향해야 한다고 보았음

5) 인간주의(휴머니즘)
   ① 현대 사회의 비인간화 현상을 극복하는 교육
   ② 교육목적 - 인간의 ㅈㅇㅅㅎ

   ③ 교사의 역할 - 교사와 학생간의 인격적인 만남과 관계
   ④ 비판점 - 이론적 체계화 및 현장 적용의 어려움
   ⑤ [대표 학자] : 로저스(Rogers), 니일(Neil)

6) 신자유주의

　① 교육에 시장경제원리 적용

　② 자율성, 다양성을 중심으로 교육 개혁을 통해 교육의 수월성 확보

　③ 특징 – 공교육에 경쟁 시스템 도입, 교육 효율성 극대화, ㅅㅇㅈ ㅈㅅ 교육

　④ 사례 – 바우처 제도, 자립형 사립고, 단위학교 책임경영제(School Based Management)

◆ 참고 – 동양철학과 교육
- 노장 사상 – 노자(老子), 장자(莊子)
  : 교육에 있어 자연주의적 입장, 인위적인 것에서 벗어나자
- 유가 사상 – 공자(孔子)
  : 군자양성, 도덕적 인간, 계발교육, 개별 교수(개인차 존중)

노자(老子)　　장자(莊子)　　공자(孔子)

◆ 노장사상 → 자연주의적 교육

연습문제

1. 교육철학의 연구 영역 중 성리학의 이기론처럼 무엇이 실재하는지 알아보는 영역은?

2. 교육철학의 연구 영역 중 무엇이 진리인지, 진리의 근거와 본질을 규명하는 영역은?

3. 교육철학의 기능 중 언어의 애매성, 모호성을 없애고자 하는 기능은?

4. 교육철학의 기능 중 문제를 해결하기 위해 생각에 잠기는 것과 관련있는 기능은?

5. 20세기 전반의 교육철학 중 현실 생활의 경험을 가장 중시하는 교육철학은?

6. 교육의 목적을 문화유산의 전수로 보는 20세기 전반의 교육철학은?

7. 허친스, 아들러 등의 학자가 고전읽기를 통한 참된 인간성 회복을 주장한 사조는?

8. 개인의 사회적 자아실현 및 사회 민주적 개혁을 중시하는 20세기 전반의 교육철학은?

9. 20세기 후반의 교육철학 중 "지금, 여기"에서의 나의 삶을 강조하는 교육철학은?

10. 다양한 문화 차이를 인정하며 공교육체제의 변화를 가져온 20세기 후반 교육철학은?

▶▶ 스스로 묻고 답하며 학습한 이론을 깊게 떠올려 봅시다.

▶ **나만의 문제 5개 만들기**

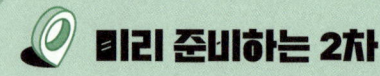 PART 1 교육사철학

▶▶ 2차 준비 시 참고하세요.

- **교육의 3요소** : 교사, 학습자, 교육내용
    1) 교사
        - 교육내용에 대한 해박한 지식, 가르치는 방법에 대한 전문적인 지식 보유
        - 건전하고 바람직한 인격 구비
    2) 학습자
        - 학습자는 교육의 객체가 아닌 <u>주체</u>
        - 학습자의 성장 가능성, 자발적 참여
    3) 교육내용

- **교육의 효과와 한계**
    1) 교육 만능설 : 교육의 효과를 긍정적으로 바라봄 (유전〈환경) → 칸트, 루소, 로크
    2) 교육 부정설 : 인간의 능력은 선천적으로 정해짐 (유전〉환경) → 롬브로소

- **형식교육과 비형식교육**
    1) 형식교육 : 일정한 목적과 계획하에 교육기관에서 일정한 기간 동안 실시하는 교육
        - 예 학교교육, 강습소, 양성소 등
    2) 비형식교육 : 일정한 목적과 계획 없이 자연발생적으로 이루어지는 무의도적 교육
        - 예 가정교육, 자연교육, 사회교육, 인터넷 등

- **전인교육 관련 개념**
    : 페스탈로치의 3H, 홍익인간, 화랑도교육, 교육입국조서(덕,체,지의 교육)

- **교사의 직무**
    1) 적극적 의무 : 교육 및 연구활동의 의무, 선서·성실·복종의 의무, 품위유지의 의무, 비밀엄수의 의무
    2) 소극적 의무 : 정치활동의 금지 의무, 집단행위의 제한, 영리업무 및 겸직 금지

▶▶ 관련 정책을 확인하세요.

- 전인교육 + 디지털 인성·시민교육
- 전인교육 + 학교체육·학교 예술 활성화
- 교사의 직무, 전문직관 + **교사학습공동체**

▶▶ 2차 준비 시 참고하세요.

- **자유주의와 공동체주의 간의 논쟁**
  1) 자유주의
     - 인간은 자신의 욕망, 신념으로부터 자유로움
     - 정체성 : 독립적으로 결정
  2) 공동체주의
     - 인간은 공동의 목적과 관심을 가진 공동체의 일원
     - 정체성 : 사회 속에서 수행하는 역할에 의해 결정
  3) 논쟁 사례
     - 자유인으로서의 학생 양성 vs 사회 시민의 일원으로서의 학생 양성
     - 교사 개인의 권리 vs 학교 공동체의 일원으로서의 교사

- **교사의 교육철학**
  1) 교육철학을 확립해야 하는 이유
     - 교육철학은 교육 문제에 대한 이해와 해석을 제공
     - 교육철학은 교육의 이론과 실제를 비판적으로 바라보는 기준
     - 교육의 방향성을 제시
  2) 교사로서 자신이 지지하는 교육 사조
     - 진보주의 : 아동 중심, 경험 중심
     - 본질주의 : 미래 생활 준비로서의 교육, 교과 중심, 학문 중심
     - 항존주의 : 일반교양교육, 고전 읽기, 교과중심 교육과정
     - 재건주의 : 개인의 사회적 자아실현, 정치적 참여

- **홀리스틱(holistic) 교육**
  : 20세기 말부터 본격화된 새로운 교육의 경향. 인간을 전인으로 이해하는 포괄적인 인간관 상호의존과 조화 추구.
  교사는 학생들에 대한 공감과 보살핌을 통해 학생들의 고립과 단절이 초래한 상처를 치유하는 사람

▶▶ 관련 정책을 확인하세요.

- 자유주의와 공동체주의 + **민주시민 역량**
- 홀리스틱교육 + **창의·융합 인재 양성**

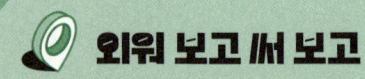

PART 1 교육사철학

암기 내용	날짜									
01. 교육의 이해	/	/	/	/	/	/	/	/	/	/
교육의 비유 X5										
정범모의 교육정의										
피터스 교육의 준거 X3										
교육의 목적 X2										
평생교육의 개념 – 1문장										
평생교육의 궁극적 목적										
평생교육-외적 필요성 중 X2										
평생교육-내적 필요성 중 X2										
유네스코 평생교육 기둥 X4										
평생교육-허친스의 '0000'										
전인교육의 개념 – 1문장										
전인교육의 필요성 중 X2										
전인교육의 구현방안 중 X2										
다문화교육의 개념 – 1문장										
다문화교육 – 교사역할 중 X2										
교직관의 유형 X3										
전문직으로서의 교직특성 중 X2										
02. 한국교육사	/	/	/	/	/	/	/	/	/	/
홍익인간의 개념 – 1문장										
성리학의 이기론 X2, 특징										
성리학의 심성론 X2, 특징										

암기 내용	날짜									
03. 서양교육사	/	/	/	/	/	/	/	/	/	/
소크라테스의 교육 방법										
플라톤의 4주덕										
아리스토텔레스의 교육 목적										
아리스토텔레스의 교육 3요소										
코메니우스 합자연 원리 중 X2										
루소의 소극적 교육 – 1문장										
루소의 교육방법 X2										
페스탈로치의 3H										
페스탈로치의 교육 원리 중 X3										
헤르바르트의 교육 방법 X3										
헤르바르트의 교수 방법 X4										
04. 교육철학	/	/	/	/	/	/	/	/	/	/
진보주의의 교육 목적 – 1문장										
진보주의 – 대표 학자										
본질주의의 교육목적 – 1문장										
항존주의의 교육목적 – 1문장										
재건주의의 교육목적 – 1문장										
실존주의에서 교사의 역할										
포스트모더니즘의 학습자관										
포스트모더니즘의 지식관										

※ 날짜별로 암기 정도를 확인하고 체크해보세요. (○, △, X)

1교시 | 교육학

PART 2

생활지도 및 상담

PART 2

01 생활지도
02 학교상담

생활지도

pedagogy

01

1. 생활지도의 이해
2. 비행이론
3. 진로이론

생활지도는 이렇게

『생활지도』에서는 무엇을 목표로 하나요?

『생활지도』에서는 생활지도와 관련된 원리들을 이해하는 것을 기본으로 다양한 학자들의 비행 및 상담이론의 개념을 파악하는 것을 목표로 합니다. 그 중에서 중요한 내용은 청소년의 비행을 이해하는 거시이론과 미시이론이며 진로이론에서도 각 이론별 개념과 특징 정도는 기억해야 하는 부분입니다. 실제 학교 현장과는 밀접한 영역이지만 생활지도나 상담의 많은 부분을 전문상담교사가 맡게 되면서 출제 가능성은 낮아졌습니다.

『생활지도』에서는 무엇을 공부하나요?

1. **생활지도의 이해**에서는 학교에서 교사가 생활지도하는 장면을 떠올리며 교사가 무엇을 지켜야 하고, 어떠한 과정으로 생활지도가 이루어지는지 두루 살펴봅니다.

2. **비행이론**에서는 청소년 비행의 원인을 어떻게 설명할 수 있는지 다양한 이론이 등장합니다. 비행이론을 거시이론과 미시이론으로 나누어 보면서 청소년의 비행을 어떻게 이해할 수 있으며 청소년의 비행을 예방하려면 교사가 어떻게 해야 할지 고민해봅니다. 2014년에 출제된 적 있으나, 다시 물어볼 수 있는 내용입니다.

3. **진로이론**에서는 구조론, 발달론, 과정론으로 진로이론을 구분해 봅니다. 진로교육은 학교현장에서 강조하고 있는 부분이지만 아직 출제된 적 없는 영역입니다. 진로를 바라보는 관점이 어떻게 다를 수 있는지 각 이론의 장점과 단점이나 한계점을 중심으로 공부합니다.

- 비행의 사례 → 특정 비행이론으로 설명하기
- 홀란드의 직업적 성격유형론

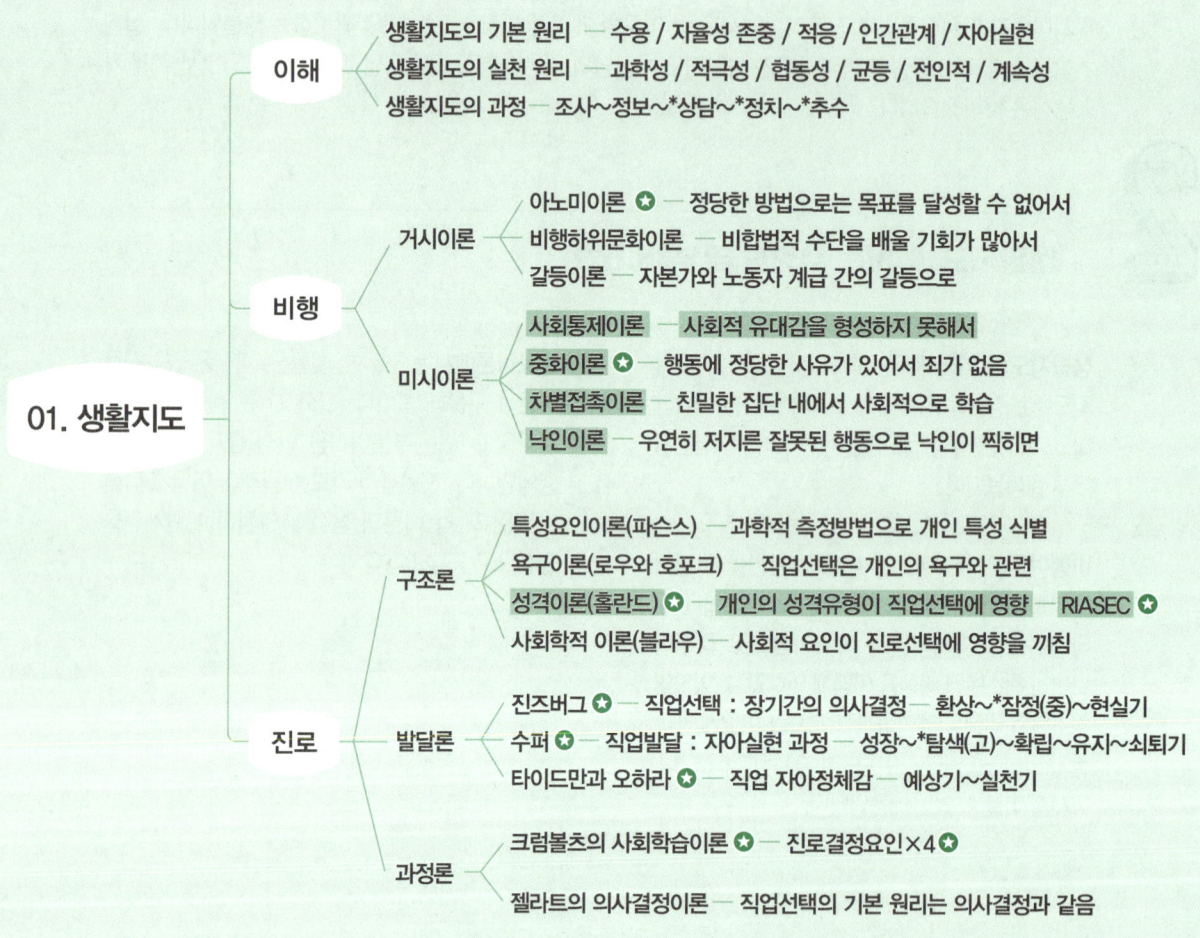

나의 마인드맵

01 생활지도

1 생활지도의 이해

1) 생활지도의 기본 원리

생활지도의 기본 원리 X5	내용
❶ 수용의 원리	학생 개인의 가치를 소중히 여김. 한 인간으로서 존중 ☞ '무조건적이고 긍정적인 존경'(C.Rogers)
❷ 자율성 존중의 원리	조력의 과정. 문제해결의 자율적인 능력과 태도를 강조
❸ 적응의 원리	학생의 생활 ㅈㅇ / 능동적, 적극적 적응 강조(수동적X)
❹ 인간관계의 원리	교사와 학생의 참다운 인간관계가 형성될 때 가능 ☞ 레포(rapport)형성
❺ 자아실현의 원리	생활지도의 궁극적 목적은 개인의 자아실현 자아실현 – 내적 동기를 인정, 전인격적 발달을 통해서

2) 생활지도의 실천 원리

생활지도의 실천 원리 X6	내용
❶ 과학성의 원리	구체적이고 객관적인 방법과 자료에 기초를 두고 출발
❷ 적극성의 원리	소극적인 치료나 교정 < 적극적인 예방과 지도에 중점
❸ 협동성의 원리	교사만이 아니라 학교의 전 교직원, 가정, 지역사회의 협력
❹ 균등의 원리	부적응아만을 대상으로 하지 않음 전체 학생(재학생, 퇴학생, 졸업생)을 대상으로 함
❺ 전인적 원리	개인의 생활영역 중 일부만을 다루는 것이 아니라, 개인의 전체적인 조화로운 발달을 도모
❻ 계속성의 원리	단 한 번의 지도로 끝나는 것이 아니라 계속적인 관심 사전조사 + 정치+ ㅊㅅ 활동

3) 생활지도의 과정(주요 영역)

생활지도의 과정 X5	내용
❶ 조사활동	• 학생 이해에 필요한 기초적인 자료를 조사, 수집 • 가정환경, 학업성취도, 적성 등 • [방법] : 표준화 검사(지능, 적성, 학력 검사 등)
❷ 정보활동	• 학생들이 당면한 여러 가지 문제해결과 적응에 필요한 정보를 제공 • 교육정보, 직업정보, 개인적·사회적 정보 등
❸ 상담활동	• 상담자와 내담자의 친밀한 인간관계(rapport) 속에서 전문적 대화가 전개되는 것 • 생활지도에서 가장 중핵적인 활동, 전문적 조력의 과정
❹ 정치활동 (定置)	• 상담의 결과를 이용하여 학생들의 능력에 맞는 환경에 알맞게 배치 • 교육적 정치(학교나 학과선택) / 직업적 정치(진로 선택)
❺ 추수활동 (追隨)	• 사후 지도활동 • 정치 후 잘 적응하고 있는지 사후 점검 • [방법] : 전화, 면접, 관찰, 질문지 등

더하기 정치(定置)란, 일정한 곳에 놓아둔다는 의미임.

더하기 추수(追隨)란, 뒤쫓아 따른다는 뜻.

◆ Wee 프로젝트

위(Wee) 프로젝트는 학교, 교육청, 지역사회가 연계하여 학생들의 건강하고 즐거운 학교생활을 지원하는 다중의 통합지원 서비스망입니다.

• 학교에는 위(Wee) 클래스
• 교육지원청에는 위(Wee) 센터
• 교육청에는 위(Wee) 스쿨, 가정형 위(Wee) 센터, 병원형 위(Wee) 센터, 학교폭력 피해학생 전담지원기관, 학교폭력 가해학생 특별교육이수기관, 117신고센터 등이 개설되어 있습니다.

2. 비행이론

♦ 청소년 비행에 대한 관점

관점		내용
생물학적 관점		뇌 기능 이상, 호르몬 이상
심리학적 관점		정신분석학적 이론, 인지발달이론, 성격이론 등
사회학적 관점	거시(사회구조)	아노미이론, 비행하위문화이론, 갈등이론
	미시(사회과정)	사회통제이론, 중화이론, 차별접촉이론, 낙인이론

1) 거시이론

(1) 아노미이론 (머튼 Merton) "나는 열심히 해도 안될 것 같으니까" *

① 뒤르켐(Durkheim) : 자본주의가 급격히 발달하는 과정에서 사회 해체가 일어나고 사회 규칙이 붕괴되는 무규범 상태인 ㅇㄴㅁ 가 발생

② 머튼(Merton) : 사회구조가 특정 사람에게는 정당한 방법으로 규정된 목표를 달성할 수 없기 때문

  예) 나는 현재의 사회구조에서 정당한 방법으로는 도저히 차를 살 수가 없어서 훔쳤다.

> 더하기
> 아노미란, 문화목표와 제도화된 수단 간의 괴리현상

(2) 비행하위문화이론 (코헨 Cohen) "나는 나쁜 행동을 배울 기회가 더 많았으니까"

① 하위층에게는 비행과 관련된 비합법적 수단을 배울 수 있는 기회가 더 많음

② 지배 가치가 중산층 기준으로 형성되었기 때문에 하류계층의 자녀들은 불리

③ 하류계층 청소년들의 하위문화는 지배문화에 대항하는 대응적 성격의 문화

④ 지위욕구불만을 해결하기 위하여 중산층의 기준을 버리고, 자신들에게 유리한 새로운 준거틀을 만든다.

(3) 갈등이론 (메이어, 퀴니 Meier, Quinney)

① 자본가 계급과 노동자 계급 간의 갈등으로 비행 발생. 비판이론, 마르크스 이론

② 자본주의의 법과 정의는 자본가 계급에만 유리하기 때문

③ 지배 계급의 범죄는 숨겨지고, 노동자 계급의 범죄는 낙인이 됨

♦ 비행에 관한 거시이론(X3) → 아노미이론, 비행하위문화이론, 갈등이론
 (비행의 원인을 사회의 조직과 구성, 문화의 특성에서 찾으며 사회의 구조 중시)

2) 미시이론 : 사회적 인간관계에 의해서 비행이 발생한다 기출2014상 - 청소년 비행이론 관점에서의 설명

(1) 사회통제이론 (허쉬 Hirschi) "내 마음을 알아주는, 나를 말려 줄 사람도 없어서"

① 비행을 통제해 줄 수 있는 사회적 유대(애착, 전념, 참여, 신념)가 약화될 때 발생

② 가족, 학교, 지역사회의 유대가 약해서 비행이 발생

③ 학생이 부모나 교사와 ㅇㄷㄱ 을 형성하지 못했거나 사회의 규범이 약해서 발생

④ [교육적 시사점] 학생과 유대감을 형성하여 비행을 예방하도록 교사가 학생에게 관심 가지기

더하기
사회적 유대
1. 애착
   타인(친구, 부모, 교사)과 맺는 끈
2. 전념
   소명감, 목표 달성을 위한 노력
3. 참여
   많은 시간을 할애
4. 신념
   사회적 규칙과 가치를 수용

(2) 중화이론 (사익스와 마차 Sykes & Matza) "나는 그럴만한 사정이 있었어."*

① 사회통제 무력화를 주장. 행동에 정당한 사유가 있기에 죄가 없다고 생각

② 중화기술(남의 탓으로 돌리는 행위)을 사용하여 죄의식 없이 비행을 저지름

③ 청소년은 지배문화와 일탈가치 사이에서 표류하는 표류자

④ ㅈㅎ 기술(책임/가해/피해자의 부정, 비난자의 탓으로 돌림, 대의명분에 호소)

전문상담교사와 담임교사가 동시에 상담을 맡고 있는 A학생은 나에게는 책임이 없고, 함께 행동하자고 말했던 친구탓이라고 주장하고 있다. A의 행동을 비행이론을 활용하여 어떻게 해석할 수 있는가?

더하기
[중화기술]
1. 책임의 부정 : 나는 책임이 없다.
2. 가해의 부정 : 나로 인해 피해 본 사람이 없다.
3. 피해자의 부정 : 피해자가 응당 받았어야 할 행위였다.
4. 비난자의 비난 : 털어서 먼지 안 나는 사람은 없다.
5. 대의명분에 호소 : 동료들을 위해 그런 짓을 했다.

(3) 차별접촉이론 (서덜랜드 Sutherland) "친구들이, 선배들이 하니까 따라하다가 배웠지."

① 비행은 친밀한 집단 내에서 사회적으로 학습한 결과(모방, 강화, 사회화)

② 모든 계층의 청소년들이 일탈집단을 직·간접적으로 자주 접하게 되면 일탈 가능

③ 그 집단에서 벗어나지 않는 한 비행행동은 계속 강화, 지속

(4) 낙인이론 (벡커 Becker) "그러든 안 그러든 어차피 나를 비행청소년이라고 부르니까."*

① 상징적 상호작용이론에 근거(낙인의 과정 : 추측 - 정교화 - 고정화)

② 우연히 저지른 잘못된 행동이 비행으로 규정되어 ㄴㅇ을 찍게 되면 비행을 더 저지르게 됨

③ 본래 정상적인 사람도 주변의 잘못된 인식으로 실제 일탈자가 될 수 있음

④ [교육적 시사점] * 교사는 편애 또는 부주의한 징계X

더하기
[낙인의 과정]
1. 추측 : 학생을 보고 첫인상을 형성
2. 정교화 : 첫인상이 실제랑 같은지 확인
3. 고정화 : 학생에 대한 고정된 개념을 가짐

♦ 비행에 관한 미시이론(X4) → 사회통제이론, 중화이론, 차별접촉이론, 낙인이론
  (비행의 원인을 사회학습에서 찾으며 개인이 비행자가 되어 가는 과정을 중시)

3 진로이론

- ◆ 진로교육(career education)
  - 학생이 자신의 진로를 현명하게 선택하고, 선택한 진로에서 계속 발전할 수 있도록 돕는 과정
  - 평생교육의 한 부분
  - 초(진로인식) → 중(진로탐색) → 고(진로준비) → 대학교(전문화)
- ◆ 진로지도에 도움을 줄 수 있는 방안
  - 교과와 관련된 직업군을 안내, 직업체험 활동, 스스로 직업세계 탐색
- ◆ 진로개발 역량 교육방법
  - 자기이해, 직업이해, 진로 정보 탐색, 진로 계획 수립

1) 구조론적 이론
  : 개인의 심리적 특성 중에서 특별히 성격과 직업의 특성 간에 관련이 깊거나 연결구조를 강조함
  예) 너는 춤을 잘 추니까 연예인을 하면 잘 하겠다.

> 특성요인이론을 학교 현장의 진로지도에 적용한다고 가정할 때, 예상되는 한계점에는 어떠한 것이 있는가?

(1) 특성요인이론 (파슨스 Parsons) (trait and factor theory)*
  ① [개념]
    - 개인의 이해, 직업 세계의 이해, 개인과 직업에 대한 정보를 기초로 합리적 선택
    - 과학적 측정방법을 통해 개인의 특성을 식별하여 직업 ㅌㅅ 에 연결시키는 것
  ② [진로상담과정 6단계] (윌리암스, Williams)
    - 분석-종합-진단-예측-상담-추수지도 cf) 지시적 상담이론
  ③ [장점]
    - 직업 선택 시 개인의 특성을 고려하도록 함
  ④ [단점]
    - 상담시 구체적인 지침이 없음
    - 개인특성발달에 대한 설명 부족
  ⑤ 특성 – 요인이론에서 보는 현명한 직업선택의 3가지 요인
    ❶ 자기 자신의 이해 : 적성, 능력, 흥미, 환경
    ❷ 일의 이해 : 자격요건, 장단점, 보수, 전망
    ❸ 이성적 판단 : 두 요인을 잘 파악하여 선택

(2) 욕구이론 (로우와 호포크 Roe, Hoppock) (need theory) *

① [개념]
- 직업선택은 개인의 욕구와 관련. 욕구 차이는 부모의 양육방식에서 기인
- 매슬로우의 욕구단계론을 기초로 함

② [특징]
- 인성의 요인이 직업선택의 주요 변인
- 따뜻한 부모-자녀 관계 → 인간지향적 직업 선택
- 차가운 부모-자녀 관계 → 비인간지향적 직업 선택

③ 부모의 ㅇㅇㅂㅅ과 직업지향성에 대한 가설

부모의 양육방식 (부모 - 자녀의 상호작용 유형)		성격 지향성	직업 지향성
정서집중형 (자녀에 대한 애착)	과보호형	인간 지향적 성격 형성	인간지향적 직업 선택 예) 서비스직, 비즈니스직, 단체직, 일반문화직, 예능직
	요구과잉형		
수용형 (자녀 수용)	애정형		
	무관심형	비인간 지향적 성격 형성	비인간지향적 직업 선택 예) 기술직, 옥외활동직, 과학직
회피형 (자녀 회피)	방임형		
	거부형		

④ [한계]
- 실증적 근거의 결여
- 검증의 어려움
- 진로상담을 위한 구체적인 절차의 부재

(3) 성격이론 (홀란드 Holland) (personality theory=인성이론)*
① [개념]
- 행동은 성격과 환경의 상호작용에 의해 결정됨
- 개인의 성격유형이 직업선택에 중요한 영향을 미침
- 사람들은 자신의 성격유형을 표출할 수 있는 직업환경을 선택함

② [특징]
- 성격유형, 직업환경을 6가지로 분류 (RIASEC)
- 개인의 ㅅㄱ 유형과 직업환경과의 패턴을 알면
  → 직업 선택, 직업 전환, 직업적 성취, 역량, 교육적 혹은 사회적 행동 등이 예측 가능

③ 직업적 성격유형론(RIASEC)

직업적 성격유형론 X6	내용		
	특징	단점	직업 예시
❶ 실재형 (Realistic)	단순, 남성적	대인관계능력↓	기술자
❷ 탐구형 (Investigative)	분석적, 학구적	지도력↓	과학자
❸ 예술형 (Artistic)	상상력, 감수성	사무적 기술↓	예술가
❹ 사회형 (Social)	이해심, 봉사적	기계적 능력↓	교육자, 사회복지
❺ 설득형 (Enterprising)	지배적, 설득적	과학적 능력↓	정치가, 경영인
❻ 관습형 (Conventional)	세밀함, 계획적	예술적, 탐구적↓	사서, 회계사

> 학급에서 모든 일에 솔선수범하는 A는 다른 친구들을 마음 넓게 이해하고 배려하는 학생이다. 교사가 홀란드의 성격이론을 바탕으로 A에게 추천할 수 있는 직업은 무엇인가?
> – 이유와 함께 서술

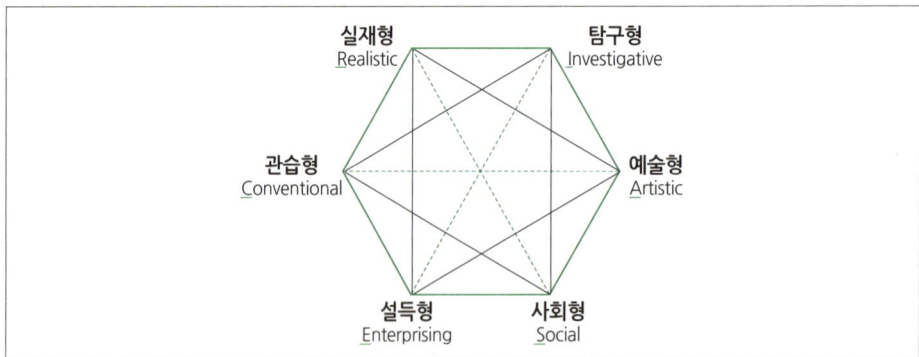

[그림 1. 직업적 성격유형론(RIASEC)]

(4) 사회학적 이론 (블라우, 홀링쉐드, 폼 Blau, Hollingshead, Form) (sociological theory) ✱
  ① [개념]
    - 개인을 둘러싼 ㅅㅎㅁㅎ적 환경이 개인의 직업선택에 영향을 미친다고 보는 이론
  ② [특징]
    - 개인의 사회계층에 따라 → 교육정도, 직업포부수준, 지능수준 다름
    - 진로선택에 영향을 주는 사회적 요인 X3 : 가정, 학교, 지역사회
    - 개인이 통제할 수 없는 사회적 요인들이 직업선택에 중요한 영향을 끼침
  ③ [교육적 시사점]
    - 진로 상담을 할 때는 내담자 가정의 사회·경제적 지위 고려해야 함

♦ 구조론적 진로상담이론 → 특성-요인이론, 욕구이론, 성격이론, 사회학적이론

2) 발달론적 이론

: 직업선택이나 진로발달이 전 생애에 걸쳐 이루어진다. 진로선택의 요인(특성<자아개념)

(1) 진즈버그의 진로발달이론 (Ginzberg) ✱

① [개념]
- 인간 발달처럼 직업에 대한 지식, 태도, 기능도 어려서부터 일련의 단계를 거치면서 발달

② [특징]
- 직업선택이란 삶의 어느 한 시기에 이루어지는 일회적인 사건이 아님
- 직업선택이란 장기간에 걸쳐 발달하는 일련의 의사결정
- 발달단계 초기에 이루어지는 선택과정은 개인의 흥미, 능력, 가치관에 좌우
- 나중에는 이 요인들과 외부적인 조건이 함께 타협됨으로써 직업선택이 이루어짐

③ [진즈버그의 진로발달 단계 X3]

진로발달 단계 X3	내용
❶ 환상기(6-11세)	• 직업에 대한 ㅎㅅ을 가지고 비현실적인 선택을 함 • 하고 싶으면 하면 된다. 환상 속에서 비현실적인 선택 예 나는 커서 대통령이 되어야지.
❷ 잠정기(11-17세)	• 흥미에 따라 선택하려 하지만 비현실적인 시기 • 하위단계(흥미 → 능력 → 가치 → 전환) - 흥미 : 자신의 흥미와 취미에 따라 - 능력 : 자신의 능력을 시험, 직업의 다양함을 인식 - 가치 : 직업선택시 다양한 요인을 고려해야 함을 인식 - 전환 : 주관적 요소에서 현실적인 외부 요인으로 관심 전환
❸ 현실기(17세-)	• 현실적으로 직업을 선택하는 시기(직업조건+개인능력) • 하위단계(탐색 → 구체화 → 특수화) - 탐색 : 직업을 탐색, 취업기회를 얻으려 노력 - 구체화 : 특정 직업 분야에 몰두 - 특수화 : 세밀한 계획을 세움. 전문화된 의사결정

(2) 수퍼의 진로발달이론 (Super) *

① [개념]
- 진로발달 과정은 직업적 자아개념의 발달과 실행 과정이다.
- ㅈㄹㅂㄷ은 인간의 전 생애에 걸쳐서 이루어지는 연속적 과정
- 개인의 직업발달 과정은 자아실현 과정으로 봄

② [특징]
- 진즈버그의 발달이론을 보완
- 발달이론과 진로상담의 핵심(C-DAC : Career Development Assessment and counseling)
  : 내담자가 생애역할에 부여한 우선순위를 결정

③ [수퍼의 진로발달단계 X5]

진로발달단계 X5	내용

❶ 성장기 (-14세)	• 초기에는 욕구와 환상이 지배적이나 점차 흥미와 능력을 중시
	• [환상기 → 흥미기 → 능력기]
	  - 환상기 : 환상적 욕구가 지배적
	  - 흥미기 : 진로결정에 흥미가 주요한 요인
	  - 능력기 : 능력을 중시하면서 진로를 선택함

❷ 탐색기 (15-24세)	• 학교활동을 통해 자아를 검증, 역할을 수행하며 직업탐색
	• [잠정기 → 전환기 → 시행기]
	  - 잠정기 : 자신의 욕구, 흥미 등을 고려하여 잠정적으로 진로 선택
	  - 전환기 : 자아개념이 직업적 자아개념으로 전환되는 시기
	  - 시행기 : 적합하다고 판단한 직업을 시행, 적합여부 시험

❸ 확립기 (25-44세)	• 자신에게 적합한 분야에 종사, 삶의 기반을 잡으려고 노력
	• [시행기 → 안정기]
	  - 시행기 : 적합한 일을 발견할 때까지 반복하여 변화를 시도
	  - 안정기 : 진로유형이 분명해지고 안정되는 시기

❹ 유지기 (45-66세)	• 인정 속에서 비교적 만족스러운 삶을 영위
❺ 쇠퇴기 (66세-)	• 은퇴하여 다른 활동을 찾는 시기

④ [교육적 시사점]
- 진로발달이란 전 생애기간 동안 이루어지는 연속적 과정
- 진로상담의 최종목표를 직업 선택으로 제한하지 않음

⑤ [비판점]
- 너무 광범위하고 자아개념을 지나치게 강조함

> 타이드만과 오하라의 진로발달이론에서 강조하는 진로발달의 핵심요소는 무엇인가?
> - 특징과 함께 서술

(3) 타이드만과 오하라의 진로발달이론 (Tiedeman & O'Hara)(=의사결정이론)✱

① [개념]
- 진로발달은 직업적 자아정체감을 형성해 나가는 연속적인 과정
- 직업적 ㅈㅇㅈㅊㄱ 은 의사결정을 되풀이하는 과정에서 성숙됨 (에릭슨의 영향)

② [특징]
- 수퍼는 발달단계에 연령을 고정시키고 있으나, 티이드만과 오하라는 연령과 관계X

③ [타이드만과 오하라의 진로선택과정]
- 예상기 : 과거의 경험을 돌이켜보고 능력을 알아보며 가능한 목표를 점검
- 실천기 : 집단의 요구와 개인의 요구와의 균형이 이루어지게 됨

진로선택과정 X2		내용
❶ 예상기	탐색	목표를 탐색
	구체화	해당 진로의 보수, 보상 등을 고려하여 진로를 구체화
	선택	의사결정하는 시기, 자신에게 맞지 않는 진로를 탈락시킴
	명료화	결정된 진로에 대해 분석하고 검토하는 시기
❷ 실천기	순응	새로운 상황의 요구에 대해 수용적인 자세를 보이는 시기
	개혁	자신에게 맞지 않는 부분에 대해 조직을 개혁하고자 하는 마음이 있는 시기
	통합	개인의 욕구와 조직의 욕구를 타협하고 통합하는 시기

◆ 발달론적 진로상담이론 → 긴즈버그, 수퍼, 타이드만과 오하라

3) 과정론적 이론
: 개인의 특성이나 직업 간의 연결 관계보다는 진로선택이나 진로결정의 과정에 주목

(1) 크럼볼츠의 사회학습이론 (Krumboltz)✱

① [개념]
- 진로결정은 학습된 기술
- 유전적 요인과 특별한 능력, 환경적 조건과 사건, 학습경험, 과제접근기술과 같은 ㅈㄹㄱㅈ 요인들의 상호작용 결과
- 고전적 행동주의 이론, 강화이론, 인지적 정보처리 이론에 기초함

② [진로결정에 영향을 주는 요인 X4]

진로결정요인 X4	내용
❶ 유전적 요인과 특별한 능력	• 타고난 특질 (키, 인종, 성별, 지능, 재능 등) 예) 키가 커서 농구선수를 하게 되었다.

❷ 환경적 조건과 사건	• 환경에서의 특정한 사건이 진로선호, 기술개발 등에 영향
	  (가정의 영향, 이웃과 지역사회의 영향, 교육제도, 취업 및 훈련기회 등)
	  예) 외할아버지, 언니가 모두 교사라 나도 교사를 하게 되었다.

❸ 학습경험 X3	- 도구적 학습경험 : 어떤 행동에 대한 정적·부적 강화
	  예) 피아노 선생님께 칭찬을 받음 → 피아니스트를 희망
	  예) 피아노 선생님께 꾸중 → 음악 관련 직업을 비선호
	 - 연상적 학습경험 : 중립적 사건(자극)을 비중립적 사건과 연결시킬 때
	  예) 검사라는 직업에 관심이 전혀 없음 (중립적)
	    → 비밀의 숲 드라마에서 검사가 너무 멋있게 보임 (비중립적)
	    → 나도 검사가 되고 싶다.
	 - 대리적 학습경험 : 타인의 행동을 관찰하거나 모방
	  예) 친구가 체육교사를 하면서 만족하는 것을 본다 → 나도 체육교사를 희망

❹ 과제접근기술	• 개인이 환경을 이해, 그에 대처하며 미래를 예견하는 능력 예) 신규교사는 동료교사한테 무엇이든 물어보는 방법으로 업무를 처리해 왔으나, 훗날 부장교사가 되면 다른 방법으로 업무를 처리해야 하겠다는 것을 감지함 • ❶+❷+❸ 상호작용의 결과

> 크럼볼츠의 이론에 근거할 때, 학교와 교사가 영향을 줄 수 있는 진로결정의 요인은 무엇인가?

(2) 젤라트의 의사결정이론 (Gelatt)

① [개념] 😊

- 개인의 진로는 환경의 영향을 받는 것이 아니라, <u>개인 스스로가</u> 합리적으로 최적의 환경을 선택해 감

② [젤라트의 의사결정의 단계]

- 직업선택의 기본원리는 ㅇㅅㄱㅈ 과 같음

❶ 목적의식 ❷ 정보수집 ❸ 가능한 대안의 열거 ❹ 각 대안의 결과 예측

❺ 각 대안의 실현가능성 예측 ❻ 가치평가 ❼ 의사결정 ❽ 평가 및 재투입

♦ 과정론적 진로상담이론 → 크럼볼츠의 사회학습이론, 젤라트의 의사결정이론

문제로 만나는 교육학

01 생활지도

▶▶ 묻고 답하며 인출 연습을 해 봅시다.

연습문제

1. 생활지도의 기본 원리 중 인간관계의 원리란 무엇을 의미하는가?

2. 생활지도의 실천 원리 중 계속성의 원리란 무엇을 의미하는가?

3. 생활지도의 과정 중 가장 처음으로 이루어져야 하는 활동은 무엇인가?

4. 아노미이론의 관점으로 청소년의 비행이 나타나는 원인을 설명한다면?

5. 비행하위문화이론에 근거하여 청소년의 비행이 나타나는 원인을 설명한다면?

6. 사회통제이론의 관점에서 청소년 비행을 바라볼 때 교사의 역할은?

7. 낙인이론의 관점에서 청소년 비행을 바라볼 때 교사의 역할은?

8. 파슨스 특성요인이론의 장점과 단점을 한 가지씩 서술한다면?

9. 직업선택은 개인의 욕구와 관련된다는 욕구이론의 한계점은?

10. 홀란드의 성격이론에서 개인의 직업선택에 가장 중요한 영향을 미치는 요인은?

▶▶ 스스로 묻고 답하며 학습한 이론을 깊게 떠올려 봅시다.

▶ **나만의 문제 5개 만들기**

학교상담

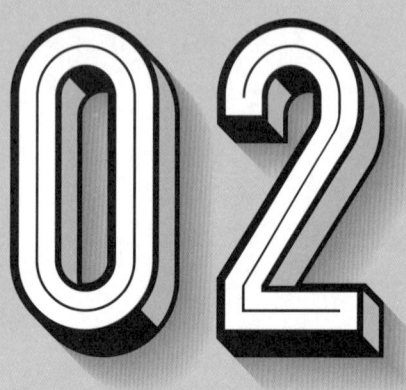

pedagogy

1. 상담의 이해
2. 상담의 이론

학교상담은 이렇게

『학교상담』에서는 무엇을 목표로 하나요?

『학교상담』에서는 상담의 기본 조건과 기법을 배경으로 다양한 상담 이론을 이해하는 것을 목표로 합니다. 2014년 상반기의 중등 논술 시험에서 행동중심 상담기법과 인간중심 상담기법이 출제된 바 있으나, 중요도는 낮은 영역입니다. 하지만 학교를 배경으로 이루어질 수 있는 상담 이론을 중심으로 교사가 학생상담을 할 때 인지해야 할 기본적인 내용은 한번쯤 짚고 넘어가야 합니다.

『학교상담』에서는 무엇을 공부하나요?

1. **상담의 이해**에서는 수용, 공감, 레포와 같은 상담의 기본 조건과 상담의 구체적인 기법을 다룹니다. 내용이 매우 간단하므로 상담의 장면을 떠올리면서 부담없이 내용을 기억하되, 레포형성 쪽은 자세히 살펴봅니다.

2. **상담의 이론**에서는 정신분석, 행동주의, 인본주의, 인지주의의 순서로 상담의 다양한 이론을 알아봅니다. 해당 이론을 학교에서 사용할 수 있을지의 여부로 나누어 보면서 활용할 수 없다면 무엇이 문제이며, 활용할 수 있다면 무엇이 장점인지 공부합니다.

교사와의 상담에서 머뭇거리는 학생의 사례 → 레포를 형성할 수 있는 구체적인 방법 제시하기

가해학생에게 상담이 필요한 사례 → 현실치료적 관점에서 문제행동이 발생하는 원인 찾기(3R 부족)

학교상담 구조도

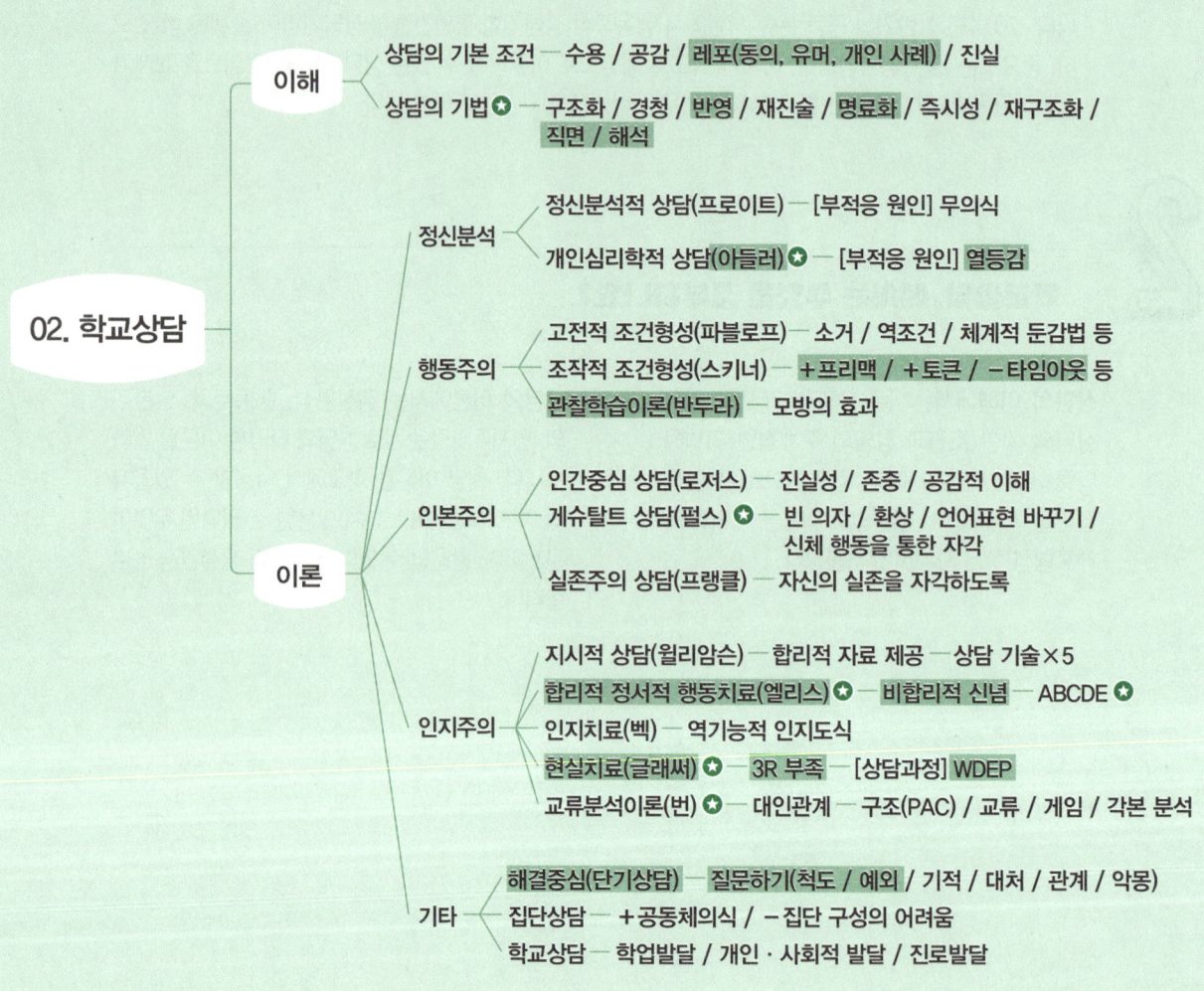

나의 마인드맵

02 학교상담

> **더하기**
> 상담은 생활지도의 여러 방법들 중의 하나임

1 상담의 이해

(1) 상담의 기본 조건 X4

상담의 기본 조건	내용
❶ 수용	• 무조건적이고 긍정적 존중(C. Rogers) • 내담자를 한 인간으로서 ㅈㅈ, 있는 그대로 받아들이는 것
❷ 공감적 이해	• 상담자가 내담자의 입장에서 마치 내담자인 것처럼 이해 • 상담자에게 제3의 귀, 제3의 눈이 요구됨 예) 학생 : 엄마가 항상 다른 아이랑 나를 성적으로 비교해요. 상담자 : 다른 친구랑 비교 한다는 점이 기분 나빴구나.
❸ 레포 형성 (신뢰)	• 내담자가 상담자를 믿는 것, 서로 믿을 수 있는 분위기 형성
❹ 진실성	• 상담자는 내담자를 진실하고 정직하게, 솔직하게 대해야 함 • 일치, 명료성, 순수성

> 김 교사는 학기 초 학생 상담을 항상 가벼운 유머로 시작한다. 김 교사가 중요하게 생각하는 상담의 기본 조건은 무엇이며, 그것이 학생 상담에 주는 교육적 시사점은 무엇인가?

(2) 레포의 형성

① [개념]
- 상담자와 내담자 간에 서로 믿고 존경하는 감정의 교류에서 성립되는 친밀함

② [레포의 형성방법] (Davis & Robinson)
- 동의 : 내담자가 한 말이나 행동에 대해 상담자가 동의를 표시함
- 유머 : 상담자가 내담자의 불안을 해소시켜주기 위하여 ㅇㅁ 사용
- 객관적 자료의 사용 : 연구결과, 문헌 등 내담자에게 도움이 될 자료 제시
- 개인 사례 제시 : 비슷한 문제를 가지고 있는 상담자의 개인 사례를 제시

(3) 상담의 기법

구조화 → 경청 → 반영 → 명료화 → 직면 → 해석

상담의 기법	내용

❶ 구조화	• [개념] 상담 시작 단계에서 상담의 목적, 방법, 방향을 설명해 주는 것
	• [기능] 상담을 효율적으로 진행할 수 있게 함
	  예) 학생: 상담은 언제 하는 거예요?
	      교사: 수요일마다 할거야. 네가 힘들면 더 자주 와도 좋아.

❷ 경청	• [개념] 상담자는 내담자의 말과 행동에 집중하여 듣고 있음을 보여 줌 • [기능] 내담자가 상담에 대한 책임감을 느끼게 함.

❸ 반영*	• [개념] 내담자의 감정, 생각, 태도를 상담자가 다른 말로 덧붙여 말함
	• [기능] 내담자로 하여금 자기가 이해받고 있다는 인식을 갖게 함
	      : "정서 되돌려 주기"
	  예) 학생: 저한테는 아무도 먼저 놀자고 하지 않아요.
	      교사: 같이 놀고 싶은데, 놀자고 다가와 주는 친구가 없어서 서운하구나.

❹ 재진술	• [개념] 내담자의 말을 그대로 되풀이 하는 것
	• [기능] 상담의 방향을 초점화: "내용 되돌려 주기"
	  예) 학생: 선생님 친구들이 드디어 저에게 같이 하자고 말해요.
	      교사: 그렇구나. 이제 친구들이 지현이한테 같이 하자고 말하는구나.

❺ 명료화*	• [개념] 내담자가 모호하게 말하는 것을 분명하게 말하도록 요청하거나 상담자가 자신의 언어로 명확하게 말해주는 것
	• [기능] 내담자가 상담이 잘 진행되고 있다는 느낌을 받음
	  예) 학생: 선생님 저는 교실에만 오면 얼음이 된 느낌이 들어요.
	      교사: 얼음이 되는 느낌이라, 그것이 무슨 뜻인지 자세히 설명해 줄래?

❻ 즉시성	• [개념] "과거-거기" 보다 "지금-여기"에 직면하도록 하는 방법
	• [기능] 상담이 방향을 잃었을 경우, 내담자가 의존성이 있을 경우 사용
	  예) 학생: 선생님이라면 어떻게 하시겠냐구요?
	      교사: 계속 선생님한테 무조건 해결책을 내놓으라고 하니 나도 당황스럽네.

❼ 재구조화*	• [개념] 다른 관점에서 보도록 유도, 합리적인 사고를 하도록 하는 기법
	• [기능] 내담자가 지각하는 상황을 보다 합리적인 방법으로 이끔
	  예) 학생: 엄마는 늘 제가 잘못한 점만 이야기하고, 혼내기만 하세요.
	      교사: 속상했구나. 그런데 엄마가 너한테 관심이 많아서 그런 게 아닐까?

❽ 직면*	• [개념] 내담자가 모르거나 거부하는 생각에 대하여 주목하도록 하는 방법 • [기능] 내담자의 불일치, 모순, 생략 등을 상담자가 내담자에게 기술 예) 교사: 아무렇지 않다고 이야기하면서도 손을 떨고 있구나.

❾ 해석*	• [개념] 내담자가 자신의 문제를 새로운 각도에서 이해하도록 도움
	• [기능] 과거의 생각과는 다른 새로운 참조체제를 바탕으로 자신의 문제를 바라볼 수 있도록 도와줌. 상담 후기에 주로 사용
	  예) 학생: 지나가는 친구들이 저를 한번씩 놀리는 것 같아서 기분이 나빠요.
	      교사: 친구들이 너를 놀린다는 것을 어떻게 알게 되었지?
	      학생: 그냥 느낌으로 알아요.
	      교사: 직접 이야기를 들었거나, 본 것이 있니? (혼자만의 짐작임을 알려줌)

더하기

그 밖의 상담 기법
- 자기개방: 상담자가 자신의 경험이나 정보를 내담자에게 솔직하게 노출 시키는 기술
- 정보제공: 내담자의 무지가 문제의 원인으로 밝혀진 경우에 적절한 정보를 제공
- 요약: 내담자가 표현했던 주제를 상담자가 정리해서 말로 나타내는 것

2 상담의 이론

1) 정신분석적 상담이론

(1) 프로이트(Freud)의 정신분석적 상담이론

  ① [개념] 😊 "무의식에 억압된 욕구를 의식하게 하여 자아기능을 강화"

    - 프로이트의 정신분석이론에 근거한 상담이론

    - 부적응행동의 원인 : 무의식에 억압된 욕구에서 비롯

    - 내담자가 지닌 ㅁㅇㅅ 세계를 의식화하여 문제를 치료하려는 상담방법

  ② [특징]

    - 상담과정 : 무의식에서 부적응의 원인을 찾아 내담자에게 접촉하게 함

    - 상담기법 : 꿈의 분석, 자유 연상, 해석(무의식을 의식하고 수용하게 됨) 등

  ③ [한계]

    - 상담 기간이 오래 걸리고, 청소년을 대상으로 학교에서 언급하기 어려움

  ④ 프로이트의 마음의 구조이론

    - 자아(EGO) : 현실의 원리 추구, 이드와 초자아의 중재자

    - 이드(ID) : 원본능, 쾌락원리에 따라 움직임

    - 초자아(Superego) : 도덕적 이상향 추구

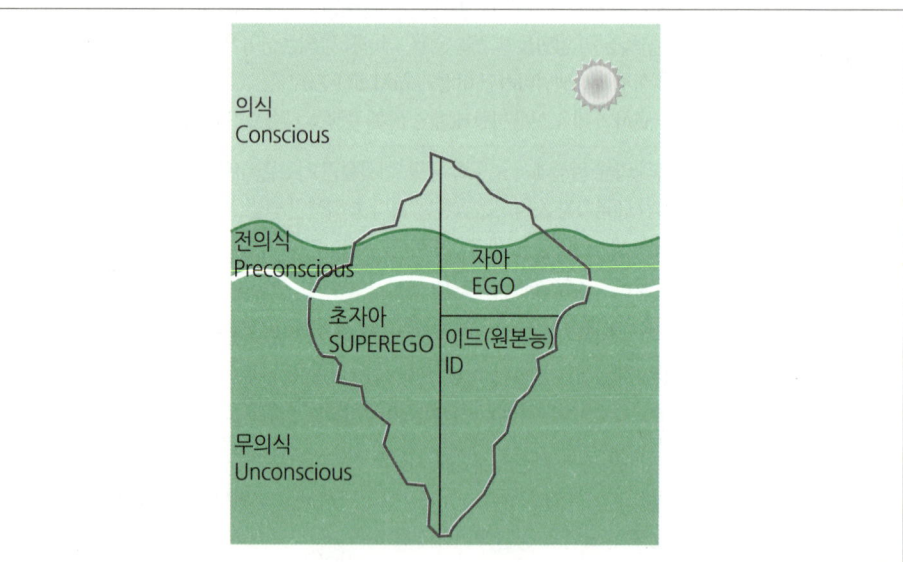

[그림 2. 프로이트의 성격의 구조]

(2) 아들러(Adler)의 개인심리학적 상담이론 * (미움받을 용기의 저자가 언급한 이론)

① [개념] "사회적 유용형의 생활양식으로 우월성(자기실현) 추구"
- 부적응 행동의 원인 : 비정상적인 방법으로 열등감을 해소하려고 할 때 발생
- 개인의 생활양식은 초기 6년 동안의 경험에 의해 형성. 가족 내 경험, 형제관계

② [특징]
- 상담목표 : 내담자의 생활양식을 파악하여 바람직한 방향으로 재교육
- 상담과정 : 상담관계 설정 – 내담자의 생활양식 조사 – 해석 – 재교육

③ [생활양식] : 삶에 대한 개인의 기본적 지향성, ㅇㄷㄱ 을 극복하기 위한 노력

생활양식	내용
❶ 지배형	• [개념] 사회적 인식이나 관심이 거의 없음. 활동적, 독단적, 공격적 • 부모가 자녀를 독재형으로 양육할 때 나타남
❷ 기생형	• [개념] 타인으로부터 많은 것을 얻어내려는 기생적인 방법으로 욕구충족 • 부모가 자녀를 과잉보호할 때 나타남
❸ 도피형	• [개념] 사회적 관심이 없고 인생에 참여하려는 활동을 하지 않음 • 부모가 자녀의 기를 꺾어 버릴 때 나타남
❹ 사회적 유용형	• [개념] 자신과 타인의 욕구를 동시에 충족시키려 노력, 협동하는 사람 • 심리적으로 건강한 사람의 표본

④ [상담기법]

아들러의 상담기법	내용
❶ 격려	• 내담자의 기를 살려주는 작업, 열등감 극복을 도움
❷ 마치~처럼	• 자신이 원하는 상황인 것처럼 상상하고 행동하도록. 자신감↑
❸ 단추누르기	• 쾌/불쾌한 경험 – 감정에 주의를 기울임, 감정은 통제가능한 것
❹ 내담자의 수프에 침뱉기	• 내담자의 행동이 총체적으로 손해되는 행동임을 분명하게 보여줌 • 내담자가 더 이상 손해되는 행동을 하지 못하도록 하는 기법
❺ 악동피하기	• 내담자가 자기패배적 행동을 고수하기 위해 상담자도 결국 다른 사람처럼 반응하도록 상황을 조작하려 함 • 분노, 고통 등 감정호소로 상담자를 통제하려는 내담자의 의도를 간파하여 그 기대와 다르게 행동하는 기법 • 내담자의 비효율적인 지각이나 행동을 언급하는 대신 격려함
❻ 역설적 의도	• 내담자의 특정 사고나 행동을 의도적으로 과장하는 기법 • 수정하고자 하는 문제행동을 더 하게 하는 기법으로 행동의 결과에 대한 책임이 내담자에게 있다는 사실을 보여 주어 그 행동을 제거

더하기
개인심리상담이론에서 문제행동의 원인
1. 생활양식
2. 열등감 발생
3. 허구적 최종 목적론
4. 사회적 관심 부족

아들러의 개인심리학적 상담이론에 근거하여 부모가 자녀를 양육할 때 지양해야 할 행동은 무엇인가?
– 생활양식의 측면에서 서술

더하기
그 밖의 상담기법
1) 즉시성 : 모순점을 즉각 지적
2) 자기 모습의 파악
3) 질문 : 통찰의 기회 제공
4) 과제 설정과 이행 : 성공감 제공

더하기
[한계]
개념이 모호, 발달이나 학습에 대한 이론이 없음

2) 행동주의 상담이론 기출2014 상 - 행동중심 상담 관점에서의 기법 논의

♦ 행동주의 상담이론
1. 전제 - 바람직한 행동 뿐만 아니라 부적응 행동도 학습됨 (조건화 이론에 근거)
2. 부적응 행동 역시 학습원리로 획득된 것이므로, 학습에 의해 소거될 수 있음
3. 모든 행동은 주어진 환경에 의해 결정
4. 정신분석이론과 같이 모호한 현상에 대한 연구를 지양, 객관적으로 관찰 가능하고 측정 가능한 행동을 연구

(1) 파블로프(Pavlov)의 고전적 조건형성이론
① 특정 자극이 특정 행동을 수동적으로 조건화하여 반응 유발
② 사람과 사물에 대한 정서적, 인지적 반응이 ㄱㅈㅈ 조건형성 과정을 통해 학습
　　예 시험을 망친 후, 시험이라는 단어만 듣고도 두통이 생김
③ [상담기법] 소거, 역조건, 체계적 둔감법, 홍수법, 혐오치료 등 (교육심리 참고)

(2) 스키너(Skinner)의 조작적 조건형성이론
① 보다 복잡한 행동이나 습관은 ㅈㅈㅈ 조건형성에 의해 학습됨
② 대부분의 인간행동은 그 행동의 결과를 점검하면 설명될 수 있음
③ 보상이 적절하고 강화할수록 그 행동의 빈도는 증가
　　예 학교에서 상점을 주기 때문에 학생들이 학교 규칙을 준수함
④ [상담기법] (교육심리 참고)
　　- 바람직한 행동의 증가 : 프리맥, 토큰, 행동계약, 용암법, 모델링 등
　　- 문제행동의 교정 : 타임아웃, 소거, 상반행동강화, 포만법 등

(3) 반두라(Bandura)의 관찰학습이론(사회적 인지학습이론)
① 우리는 타인의 행동을 ㄱㅊ 하고, 그것으로부터 학습함 : 관찰학습
② 모방의 효과 : 관찰함으로써 어떤 행동을 억제하기도, 촉진하기도 함
　　예 [억제] 학급에서 한 아이가 수업시간에 떠들다가 혼이 나자, 다른 아이들이 조용해진다.
　　예 [촉진] 담배를 끊었는데, 다른 사람이 피우는 것을 보고 담배를 다시 피우게 되었다.

3) 인본주의 상담이론(정서중심 상담이론)
(1) 인간중심 상담이론 (로저스, Rogers) * 기출2014 상 - 인간중심 상담 관점에서의 기법 논의

"왜곡된 자아개념을 실현경향성과 일치하는 자아개념으로 바꾸게 하자."

① [개념]
- 인간의 잠재력과 가능성에 대한 신뢰를 바탕(ㅅㅈㅈㅇ 철학에 토대)
- 상담자와 치료자의 인간적 관계가 중요 : 레포형성
- 인간의 부적응은 불일치에서 발생함 (지금-여기와 불일치하는 것)
  · 외부 기준과 내면적 요구와의 괴리
  · 자기개념과 경험과의 괴리
  · 현실적 자아와 이상적 자아와의 괴리

② [인간관] 유기체로서 자아실현 경향성, '되어가는 과정'으로서의 존재

③ [주요 개념]
- 자아 : 개인은 외적 대상을 지각하고 그것에 의미를 부여하는 존재
- 실현 경향성 : 잠재력을 실현하려는 타고난 경향성 → 충분히 기능하는 인간
- 가치 조건화 : 가치가 있고 없음을 규정짓는 외부적인 조건

  예) 기원이는 쉬고 싶은데 열심히 집안일을 할 때 엄마에게 인정을 받았다.
  이후에 주원이는 쉴 때 불안을 경험하고, 쉬고 있는 자신을 비난하게 되었다.
  기원이는 열심히 일하고 있을 때에만 자신이 가치 있어 보인다. (가치 조건화)

④ [상담목표]
- 내담자가 자신의 문제를 스스로 해결하고 자아실현하도록 존중, 수용, 도움

⑤ [상담 기법] (=상담자의 태도, 상담 방법): 가치 ㅈㄱㅎ 의 해제 *

상담 기법 X3	내용
❶ 진실성	• 상담자의 진솔한 태도, 일치성
❷ 존중	• 무조건적인 긍정적 존중, 수용
❸ 공감적 이해	• 상담자가 내담자의 감정에 빠져들지 않으면서 내담자의 감정을 자신의 감정인 것처럼 느끼는 것

> 교사가 인간중심 상담이론에 근거하여 학생 상담을 진행할 때 활용할 수 있는 구체적인 상담 기법에는 어떤 것이 있을까?
> - 각 상담 기법의 교육적 효과와 함께 서술

> 게슈탈트 상담이론에서 강조하는 교사의 역할은 무엇인가?
> - 교육의 비유와 함께 서술

(2) 게슈탈트 상담이론 (펄스, Perls) = 형태주의 상담이론

"과거의 미해결과제가 현재에 대한 자각을 방해한다"

① [개념]
- 게슈탈트 : 여러 부분들이 연결되어 형성되어 있는 의미 있는 전체
- 총체주의, 현상학, 장이론, 실존주의에 기초

② [인간관]
- 실존주의적 존재 : 과정으로서의 존재를 강조, 지금-여기
- 현상학적 존재 : 주관적 지각이나 경험을 강조
- 인간은 환경의 한 부분이므로, 그가 속한 환경을 떠나서는 이해될 수 없음

③ [주요 개념]
- 게슈탈트(gestalt) : 개체의 욕구나 감정이 하나의 의미있는 전체로 조직된 것
- 전경과 배경 : 사람이 대상을 지각할 때 지각의 초점이 되는 부분이 전경, 관심 밖에 있는 부분을 배경
- 알아차림(자각) : 개체가 감정을 지각하고, 그것을 전경으로 떠올리는 행위
- 미해결 과제 : 개체가 게슈탈트를 형성하지 못해 배경으로 물러나지 못한 상태 과거의 미해결과제가 전경으로 있으면 그 순간 환경과 진실하게 접촉할 수 없음
- 접촉 : 전경으로 떠오른 게슈탈트를 해소하기 위해 환경과 상호작용하는 행위

④ [상담목표]
- 내담자가 지금 - 여기의 삶을 진실하게 살아가도록 개인적 각성 증진

⑤ [발생 과정]
- 부모의 억압적, 강압적 양육태도 → 아동의 감정 및 욕구 왜곡
  → 아동의 자각능력에 대한 장애 → 불완전한 ㄱㅅㅌㅌ 형성 → 문제 발생

⑥ [상담 기법]

게슈탈트 상담 기법	내용
❶ 빈 의자 기법	• 문제의 인물이 옆에 앉아 있다고 가정하고 상상하며 대화 • 의자를 바꿔 문제의 인물의 입장에서 말해 보게 함 • 대인관계의 갈등을 해결하는 데 유용
❷ 환상 기법	• 실제 장면을 연상하는 환상을 통해 경험을 지금-여기로 재현
❸ 언어표현 바꾸기	• 내담자 자신과 자신의 성장에 책임감을 주는 단어들을 사용하게 함 예) 나는 술을 끊을 수 없다 → 나는 술을 마시지 않겠다
❹ 신체 행동을 통한 자각	• 내담자의 언어적 표현만 보지 않고 목소리의 크기, 고저, 강약 같은 의미까지 예리하게 듣기

(3) 실존주의 상담이론 (프랭클, Frankl) "삶의 의미를 찾아 이를 실천하는 삶을 살게 하자."

① [개념]
- 인간은 <u>자유의지</u>를 가지고 의미를 추구하는 존재
- 상담은 인간 존재의 참된 의미를 찾게 하여 자기를 실현하게 하는 과정

② [특징]
- 부적응의 원인 : <u>삶의 의미를 찾을 능력이 없는 것</u>
- 상담목표 : 내담자가 <u>자신의 실존을 자각</u>, 삶의 의미와 가치를 찾도록

③ [주요 개념] : 자유와 책임, ㅅㅈ적 소외, 무의미, <u>실존적 불안</u>

> 예 소크라테스 대화법 : 내담자가 놓치고 있는 자신의 내면 세계를 스스로 발견하도록 도움

4) 인지주의 상담이론

(1) 지시적 상담이론 (윌리암슨, Williamson)

"내담자에게 <u>정보를 충분히 제공</u>하여 <u>합리적인 선택</u>을 할 수 있도록 돕자."

① [개념]
- 내담자의 모든 문제에 대하여 지시적인 요소로서 문제해결을 돕는 상담방법
- 상담자가 내담자에게 <u>합리적인 자료를 제공</u>(해석, 정보, 충고, 조언)

② [이론적 가정]
- 내담자는 문제를 객관적으로 볼 수 없고 해결할 능력이 없음: <u>특성·요인이론</u>
- 상담자는 탁월한 경험과 정보를 가지고 있으므로 조언할 수 있음
- 내담자의 상태를 ㄱㅎ적으로 파악하는 것이 중요 : <u>의학적</u> 모형, <u>비민주적</u> 상담
- 상담과정보다는 <u>문제해결</u> 장면을 통하여 상담 목표가 달성 : <u>임상적</u> 상담

③ [상담 기술]

지시적 상담 기술 X5	내용
❶ 타협의 강요	• 상담자는 내담자가 환경에 순응·타협할 것을 강요 예 부모의 희망, 교칙
❷ 환경의 변경	• 문제가 되는 환경을 변화시켜서 문제를 해결함 예 전학
❸ 적당한 환경의 선택	• 내담자에게 맞는 환경을 선택하도록 도움 예 직업, 진로의 선택
❹ 필요한 기술의 습득	• 문제해결에 필요한 기술이나 기능을 습득하도록 함 예 이공계 관련 학과에 진학하기 위해 심화 수업을 받게 하는 경우 예 인문계 고교로의 진학을 위해 보충수업을 받게 하는 경우
❺ 태도의 변경	• 환경의 요구에 부응하도록 내담자의 심리적 변화를 일으킴 예 부모님과의 대화를 거부하는 경우 노력해보도록 예 친구와의 불화를 친근감으로 바꾸도록 노력하는 경우

> 교사가 지시적 상담이론을 학교에서 활용하는 것의 한계점은 무엇인가?

[상담 과정]
분석 → 종합 → 진단(특징과 원인 분석) → 예진 → 상담(충고) → 추수지도

(2) 합리적 정서적 행동치료 (엘리스, Ellis) (REBT : Rational Emotive Behavioral Therapy) *

"논박을 통해 비합리적 신념을 합리적 신념으로 바꾸어라."

① [개념]
- 인간의 정서적·행동적 장애는 비합리적·비현실적·자기 파괴적인 사고체계의 결과

② [이론적 가정]
- 사람의 행동은 그의 생각으로부터 나온다
- 합리적인 신념 : 논리적, 실용적, 현실적인 사고
- 비합리적 신념 : 당위적, 경직된 사고, 지나친 과정, 자기 및 타인 비하
  → 자신에 대한 당위성, 타인에 대한 당위성, 조건에 대한 당위성으로 나타남

③ [상담 목적]
- 내담자의 ㅂㅎㄹ적, 비현실적, 자기파괴적 신념 → 합리적, 현실적, 관대한 신념
- 융통성있고 생산적인 삶을 살아가도록 도움

> 교사가 학교 현장에서 합리적 정서적 행동치료를 활용할 때, 논박의 상담과정이 중요한 이유는 무엇인가?

④ [상담 과정] *

	REBT의 상담 과정	내용
A	❶ 선행사건 (Activating event)	• 인간의 정서를 유발하는 어떤 사건이나 현상 예) 시험 불합격
B	❷ 신념 (Belief)	• 선행사건 때문에 나타나는 신념 • 비합리적인 신념일 경우에 문제를 유발(부적응의 원인) 예) 시험에 불합격했으니 나는 가치 없는 사람이다.
C	❸ 결과 (Consequence)	• 비합리적인 신념 때문에 나타나는 부정적 정서나 행동 예) 죄책감, 불안, 분노, 자기연민
D	❹ 논박 (Dispute)	• 비합리적인 신념에 대해 다시 생각하도록 재교육 • 인지 변화를 위한 상담자의 역할 　- 실용적 논박 : 계속 그렇게 생각하는 것이 도움이 됩니까? 　- 현실적 논박 : 원하는대로 되는 것이 현실적으로 가능한가요? 　- 논리적 논박 : 원하는 대로 되어야 한다는 근거가 어디에 있나요?
E	❺ 효과 (Effect)	• 논박의 결과로 나타나는 상담의 효과 예) 불합격이 좋은 일이 아니지만 나의 가치까지 절하할 필요는 없다.

⑤ [상담 기법] *

REBT의 상담 기법	내용
❶ 인지적 기법	•비합리적 신념에 대한 논박 　- 현실성에 비추어 반박, 내담자의 비합리적 신념을 수정
❷ 정의적 기법	•인간은 불완전한 존재라는 것을 받아들이도록 함 •인정을 받지 못하더라도 그것이 현실임을 알게 함 　- 내담자의 불완전에 대한 무조건적인 수용 　- 합리적·정서적 심상법 (적절한 감정으로 변화시키는 연습) 　- 수치심 공격(수치스러운 행동을 억지로 시켜 무뎌지게 함) 　- ㅇ ㅁ (비합리적 사고가 심각하지 않은 것임을 깨닫도록 함)
❸ 행동적 기법	•실제로 해보면서 비합리적인 신념을 수정 　- 여론조사 (고민에 대해 조사해오게 하고, 보고하는 기법) 　- 홍수법 (어려운 상황에 빠지게 하여 둔감해지도록 하는 방법) 　- 기타 : 역할 바꾸기, 모델링, 체계적 둔감법, 이완기법 등

(3) Beck의 인지치료 (cognitive therapy) "역기능적 자동적 사고를 합리적 사고로 바꾸어라."

① [개념]
- 인간의 부적응 행동의 원인 : 역기능적 인지도식에서 발생하는 인지적 오류
- 부적절한 사고패턴을 변화시켜 ㄱㅈㅈ 감정, 행동을 갖도록 하는 상담 방법

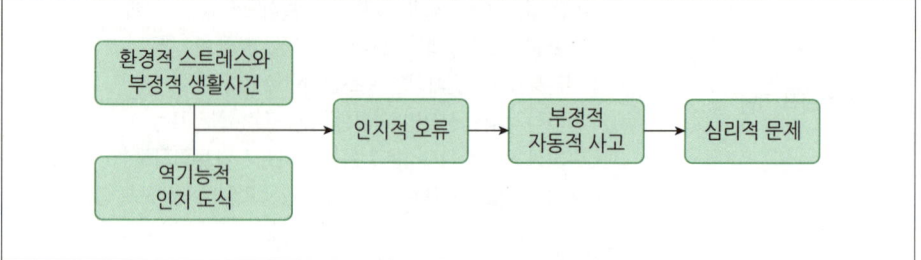

[그림 3. Beck의 인지치료 이론]

② [특징]
- 역기능적 인지도식 : 개인이 가지고 있는 이해의 틀이 부정적임
- 인지적 오류 : 제대로 지각하지 못하거나 그 의미를 왜곡하여 받아들임
- 자동적 사고 : 어떤 사건을 접했을 때 자동적으로 떠오르는 생각
  (자동적 사고가 부정적일 때 심리적 문제가 발생)

③ [상담 목적]
- 역기능적 인지도식이나 인지적 왜곡을 제거하여 긍정적인 사고를 갖도록 함

④ [상담 기법] : 부정적인 사고 패턴을 어떻게 바꿀까? *

인지치료의 상담 기법	내용
❶ 특별한 의미 이해하기	• 내담자가 사용하는 애매한 단어들의 의미가 무엇인지 질문 • 내담자의 사고과정을 이해 예 나는 루저란 말이예요. → 루저는 무엇을 의미하죠?
❷ 절대성에 도전하기	• 내담자가 어떤 절대성 단어를 자주 사용하는가 파악 • 내담자에게 그러한 생각이 잘못되었음을 깨닫게 함 예 항상, 모든 사람, 결코 → 정말 항상 그런 것일까요?
❸ 재귀인하기	• 과도하게 자신에게 책임소재를 귀인하는 습관을 수정 예 내담자가 자신을 비난하면서 죄의식, 우울
❹ 인지 왜곡 명명하기	• 내담자가 인지 왜곡 중 어떤 것에 해당하는지 분명히 – 흑백논리, 지나친 일반화 등 • 내담자가 자신의 자동적 사고를 범주화하는데 도움
❺ 흑백논리 도전하기	• 내담자의 ㅇㅂㅂ적 사고를 연속선상의 다양성으로 변화 • 자신의 위치를 확인하며 이분법적 사고에서 벗어나도록
❻ 파국에서 벗어나기	• 만약~하면, 어떤 일이 일어날까를 사용하는 기법 • 파국적인 결과가 일어날 수 있다는 것을 깨닫도록 함
❼ 장단점 열거하기	• 내담자가 자신의 신념이나 행동에 대한 장단점을 열거 • 흑백논리에서 벗어나도록 하는데 도움
❽ 인지 예행연습	• 상황을 잘 해결하는 자신의 모습을 상상하는 것 • 발생 가능한 일에 대처할 수 있도록 조력

(4) Glasser의 현실치료 (글래써, reality therapy, 현실요법)* : 가해학생에게 적합

"인간은 선택할 수 있는 존재. 현실적이고 책임질 수 있고, 옳은 행동을 선택하게 돕자."

① [개념]

- 소년원에 있는 청소년에게 적용된 이론. 인간본성의 결정론적 견해를 거부
- 인간은 궁극적으로 <u>자기결정</u>을 하고 자기 삶에 <u>책임이 있다</u>는 견해에 근거
- 내담자의 기본 욕구를 파악, <u>바람직한 방식으로 욕구를 충족할 수 있도록</u>

② [주요 개념]* – 문제행동이 발생하는 원인

❶ 기본 욕구 부족 : ㅇㄱ를 바람직한 방식으로 충족하지 못해서 (생존, 소속, 자유, 힘, 즐거움)

❷ 3R 부족*

: 현실성(Reality) → 현실 직면

책임감(Responsibility) → 타인의 욕구충족을 방해하지 않는 범위 내에서

옳고 그름(Right & wrong) → 옳고 그름을 판단할 수 있는 도덕적 판단능력

❸ 전(체)행동이 불안전할 경우 (total behavior theory)* 예 자동차

: 인간의 전행동은 활동, 생각, 느낌, 신체반응으로 구성. 부족시 문제 발생

(인간 통제 ○ - 활동, 생각), (인간 통제 X - 느낌, 신체반응)

❹ 통제이론 (control theory)

: 인간은 기본 욕구를 충족하기 위해 자신의 행동을 통제한다.

자신의 욕구를 충족함과 동시에 주변 환경과의 관계를 유지, 발전시킴

❺ 선택이론

: 인간의 모든 행동은 스스로 선택할 수 있다고 보는 이론

선택이론에 근거하면 <u>문제의 원인을 내담자 스스로 선택한 것으로 봄</u>

③ [상담 목적]

- 내담자가 정말 원하는 것이 무엇인지를 그 기본 욕구를 파악한 후, 그러한 욕구를 바람직한 방식(3R)으로 충족할 수 있도록 조력함

④ [상담 과정] X4 : 우볼딩(Wubbolding)의 WDEP 현실치료적 상담 절차*

우볼딩의 WDEP	내용
❶ 바람 파악 (Want)	• 내담자의 바람이나 욕구가 무엇인지 탐색 예 무엇을 원하니?
❷ 현재행동 파악 (Doing)	• 욕구충족을 위한 현재 행동을 파악 예 너는 무엇을 하고 있니?
❸ 평가하기 (Evaluating)	• 내담자가 3R을 기준으로 자신의 행동을 스스로 평가 예 현실성, 책임감, 옳고 그름
❹ 계획하기 (Planning)	• 실패행동을 성공적으로 바꾸는 구체적인 계획 수립, 활동

더하기
현실주의 상담기법
1. 기본 욕구를 충족
2. 질문: 내담자의 바람과 현재 행동의 모순을 인지시킴
   (바람을 달성할 수 없음을 깨닫도록)
3. 내담자와 개인적인 유대관계

더하기
책임감 배양을 귀결
1. 자연적 귀결 : 부모나 교사의 인위적인 개입 없이 자연적 사건으로부터 질서와 행동목표를 터득
2. 논리적 귀결 : 자연적 귀결을 경험하는 것이 윤리적, 안전상의 문제를 초래할 때 활용. 규칙을 정하여 잘못된 행동의 결과를 논리적으로 책임지게 하는 것

더하기
현실 상담이론의 상담 목표 : 개인적 자율성을 갖도록 한다. - 자기결정, 책임감, 정체감 등

(5) Berne의 교류분석이론 (번, Transaction Analysis, 의사교류분석) ✱

"자기긍정-타인긍정의 생활자세로 살아가게 하자."

① [개념]
- 상담자는 포기된 내담자의 자율성을 증대시킴
- 삶의 입장에 따라 서로가 주고받는 의사소통을 이해하고 분석하는 방법
- 과거가 현재를 지배한다는 정신분석 이론을 부정 → 인간은 자율적인 존재
- ㅇㅅㅅㅌ 과정을 분석하고 내담자의 자율성을 높여 대인관계를 도와주는 상담이론

② 상담 목적
- 자율성 성취 → PAC 자아의 조정능력 발휘 → 건전한 대인관계
- 자기긍정-타인긍정의 생활자세로 생활해 나갈 수 있도록 해야 함

③ 상담 기법 X4

❶ 구조분석 : 내담자의 자아유형을 분석, 자신을 이해할 수 있도록 함

자아상태(PAC)	내용 – PAC 중 하나가 상황에 따라 개인 행동 지배
부모 자아 (P – Parent) (초자아 superego)	• 자신이나 타인에게 강요나 명령을 하는 자아 상태 • 4-6세발달, 내 부모의 양육태도, 사회적 가치에 의해 형성 – 양육적 부모 자아(NP : Nurturing Parent) : ~ 해 줄게. – 비판적 부모 자아(CP : Critical Parent) : ~ 해야 한다. ~ 해서는 안 된다.
성인 자아 (A – Adult) (자아 ego)	• 현실적, 객관적, 논리적, 비감정적인 자아 • 2-4세에 형성, 7-12세에 발달 – 다른 두 자아 상태를 중재, 중심적 역할
아동 자아 (C – Child) (원초아 id)	• 어린아이 같이 충동적으로 흥미를 추구하는 자아 • 1-3세까지 발달 – 자유로운 아동 자아(FC : Free Child) : 감정적, 충동적, 자기중심적 – 순응하는 아동 자아(AC : Adapted Child) : 순종적, 의존적, 소극적

❷ 교류분석 : 내담자와 타인 간의 상호 의사소통과정을 분석(대화형태 분석)
→ 교차교류나 이면 ㄱㄹ 를 중단하도록 촉진시킴
→ 의사소통의 문제점 분석

교류분석 X3	내용
상보교류	• 서로 기대한 응답이 오가는 대화 관계 • <u>건강한 인간관계에서 나오는 자연스러운 의사소통</u> • 자극과 반응이 <u>동일한 자아에서</u> 이루어지는 의사교류 아들: 엄마, 오늘은 학원 가기 싫어요. 엄마: 감기 때문에 피곤한가보다. 아들: 엄마, 오늘밤에는 일찍 자기 싫어요. 엄마: 재미있는 티비 프로그램이 보고 싶은가보다.
교차교류	• 갈등, 불쾌, 거부감을 유발 • 대화단절로 이어질 수 있는 교류 • 자극과 반응이 <u>서로 다른 자아에서</u> 이루어지는 의사 교류 아들: 엄마, 오늘 놀이동산에 놀러가요. 엄마: 안 된다. 너는 매일 놀러갈 생각만 하니? 학생: 과제 제출기간을 연기해 주시면 안 될까요? 엄마: 안 된다. 정해진 기간에 꼭 제출해야 해.
이면교류	• 이면에 다른 메시지를 감추고 있는 경우 • 겉으로 드러난 메시지(사회적 메시지) • 언어 이면에 작용하는 감춘 메시지(심리적 메시지) • 현실적 자아와 실제로 작용하는 자아가 다른 의사교류 [사회적 메시지] 엄마: (게임을 하고 있는 자녀에게) 지금 몇 시니? 아들: 7시 30분이예요. [심리적 메시지] 엄마: 게임은 이제 그만하고 숙제 좀 해라. 아들: 많이 하지도 않았는데 벌써 말하고 그래요. [사회적 메시지] 준하: 혜자야, 나 이번 시험에서 1등했어. 혜자: 어머, 축하해. [심리적 메시지] 준하: 혜자야, 나 이번 시험에서 1등했어. 혜자: 아이고, 배 아파라.

❸ 게임분석 : 이면교류가 정형화된 것. ㅈㅎㅎ, 반복되는 이면교류를 분석

　　　→ 내담자가 상대방과 친밀감을 갖도록 도와줌

게임분석	내용	
게임분석	•게임을 시작하는 사람 : 성격 면에 약점이 있는 사람 　→ 고집이 센 사람, 애정 결핍이 강한 사람 •게임의 결말 : 두 사람 관계가 파괴적, 부정적 　→ 잦은 다툼, 트집 잡기, 변명 등	
	[대화]	선생님 : (지각한 학생에게) 지금이 몇 시니? 지각생 : (선생님의 의도를 알면서도) 네. 9시 30분입니다.
	[이면]	선생님 : '또 지각이군.' 지각생 : '또 비꼬는군.'

❹ 각본분석 : 내담자의 부정적인 생활각본을 분석

　　　→ 자기긍정-타인긍정의 입장으로 변화시킴

각본분석의 구분	타인긍정 (You're OK.)	타인부정 (You're not OK.)
자기긍정 (I'm OK.)	•승리자 각본 •긍정적 태도, 상호 존중 "인생은 살아갈 만한 가치가 있다."	•투사적 입장 "나는 잘났고, 너는 별 볼일 없다."
자기부정 (I'm not OK.)	•내사적 입장 "나는 별 볼일 없고, 너는 잘 났다."	•비판적, 부정적 태도 "나도 별 볼일 없고, 저도 별 볼일 없다."

5) 기타 상담이론

(1) 해결중심 상담이론 (=단기상담, SFBC: Solution Focused Brief Counseling) *

(de Sazer, 드 세이져)

"다양한 질문을 통해 학생 스스로 자신의 자원을 발견하여 직면한 문제를 해결하도록 돕자."

① [개념] – 내담자의 핵심문제를 중심으로 빠른 시간 내에 변화할 수 있도록 돕는 상담

② [인간관] – 인간은 스스로 자신의 문제를 해결할 능력과 자원을 지니고 있음

③ [해결중심 상담의 기본 원리]
- '왜'(문제의 원인) < '무엇을 할 것인가'(문제의 해결)에 관심
- 과거 < 현재와 미래
- 특정 상담이론에 내담자를 맞추기 < 문제에 따라 여러 상담 방법을 적용
- 문제를 가진 모든 사람은 해결책 또한 가지고 있음
- 작은 변화가 큰 변화를 일으킴
- 모든 문제 상황에는 '예외'가 있고 그것이 해결책으로 가는 실마리

④ [해결중심 상담의 목표]
- 내담자의 대처기술 개발 → 문제를 예방할 수 있는 대처기술을 개발
- 내담자에게 맞는 해결방법을 찾아 문제를 해결하도록 돕기
- 부모나 교사가 아니라 학생에게 중요한 것
- 실제적이고 성취 가능한 것
- 구체적이고 명확한 것

⑤ [상담 기법] : 질문하기

단기상담의 질문	내용
❶ 척도질문	• 우선순위와 목표 등을 수치로 표현 예) 1~10점 중에서 지금 상태는 몇 점이고, 몇 점 정도면 만족하나요?
❷ 예외질문	• 예외적인 상황을 찾아 성공의 확신을 심어주는 것 예) 최근에 문제가 일어나지 않은 때는 언제였나요?
❸ 기적질문	• 문제가 해결된 상황을 ㅅㅅ하게 함 예) 문제가 해결되었다고 상상해보세요. 당신에게 달라진 점은 어떤 것인가요?
❹ 대처질문	• 지금까지 해결해 온 방법을 스스로 찾도록 도움 예) 그동안 어떻게 견딜 수 있었나요?, 어떤 방법이 도움이 되었습니까?
❺ 관계질문	• 내담자와 중요한 관계에 있는 사람들을 활용하는 질문 예) 엄마는 민지에게 가장 도움이 되는 것이 뭐라고 할 것 같아요?
❻ 악몽질문	• 유일한 부정적 질문. 상황의 악화를 통해 해결의지를 부각

더하기
해결중심 상담이론에서 목표 세우기
1) 자신에게 중요한 것을 목표로
2) 작고 현실적인 것을 목표로
3) 긍정적인 표현을 목표로

더하기
상담 전 변화에 대한 질문
- 상담 약속 후 지금까지 발생한 변화에 대하여 질문함. 변화가 있는 경우 내담자의 해결능력을 인정, 격려.

김 교사는 해결중심 상담이론을 활용하여 학생이 스스로 문제를 해결하도록 돕고자 한다. 김 교사가 활용할 수 있는 단기상담의 질문에는 무엇이 있을까?
– 학생 측면에서 교육적 효과 서술

(2) 집단상담 (group counseling) ✱

① [개념]
- 한 사람의 전문적 상담자가 소규모 그룹(4-8명)의 내담자를 대상으로 상담
- 집단적 상호작용을 통해 자신에 대한 통찰력, 타인에 대한 이해 증진

② [상담목표]
- 자신과 타인의 이해 → 대인관계 기술의 향상
- 감정의 바람직한 표현, 발산의 촉진

③ [집단상담의 특징]
- 집단 속에서 탐색 : 자신의 감정, 사고, 행동
- 자신을 ㄱㄱㅎ 할 수 있는 학습기회

④ [집단상담의 장·단점]

집단상담의 장점 👍	집단상담의 단점 👎
• 구성원의 일체감, 공동체 의식 ↑ • 소속감 강화 • 시간과 경제성 • 구성원들 스스로가 상담자 역할 　: 개인적인 위로와 지지를 받음	• 심각한 정신적 문제의 경우 적합X • 구성원 개개인에게 모두 만족X • 모든 학생에게 적합하지는 않음 • 집단을 구성하는데 어려움 • 개인의 개성이 상실될 우려

> 김 교사는 다음주에 집단상담이 성공적으로 실시되기 위하여 구체적으로 무엇을 준비해야 하는가?

(3) 학교상담 (school counseling)

① [개념]
- 학교에서 이루어지는 전문교육활동
- 생활지도의 주요한 영역 중 하나
- 학습, 진로, 성격, 학교 적응 등 학생 발달상의 주요 영역에 대한 ㅇㅂ 교육

② [특징]
- 종합적, 예방적, 발달적
- 학생, 학부모, 교사를 조력
- 개인상담, 집단상담, 외부기관 의뢰 등의 활동

③ [학교상담의 영역]

학교상담의 영역	내용
❶ 학업발달	• 효율적인 학습기술을 개발, 효율적인 공부 방법
❷ 개인·사회적 발달	• 또래관계, 부모와의 의사소통, 자기개념, 스트레스 대처 등
❸ 진로발달	• 개인적인 흥미와 기호, 미래의 계획, 직업의 변화 등

연습문제

▶▶ 묻고 답하며 인출 연습을 해 봅시다.

1. 상담에서 레포형성을 위해 사용할 수 있는 방법은? (4가지 중 2가지 인출)

2. 아들러의 개인심리학적 상담이론에서 부적응 행동의 원인은 무엇인가?

3. 게슈탈트 상담의 기법은? (4가지 중 가지 인출)

4. 합리적 정서적 행동치료의 상담과정을 간략히 서술하면? (ABCDE)

5. Beck의 인지치료에서는 부적응 행동의 원인을 무엇이라 보는가?

▶▶ 스스로 묻고 답하며 학습한 이론을 깊게 떠올려 봅시다.

▶ **나만의 문제 5개 만들기**

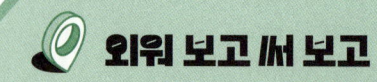 외워 보고 써 보고

암기 내용	날짜									
01. 생활지도	/	/	/	/	/	/	/	/	/	/
생활지도의 과정 X5										
비행 – 아노미이론(개념)										
비행 – 비행하위문화이론(개념)										
비행 – 갈등이론(개념)										
비행 – 사회통제이론(교사역할)										
비행 – 중화이론(개념)										
비행 – 차별접촉이론(개념)										
비행 – 낙인이론(시사점)										
진로 – 특성요인이론(장·단점)										
진로 – 욕구이론(한계점)										
진로 – 홀란드 X6 RIASEC										
02. 학교상담	/	/	/	/	/	/	/	/	/	/
상담 – 기본 조건(4개 중 2개)										
레포형성 방법(4개 중 2개)										
아들러 – 부적응 행동의 원인										
아들러 – 바람직한 생활양식										

암기 내용	날짜									
아들러 - 상담기법(6개 중 2개)										
파블로프 - 상담기법(2개 정도)										
스키너 - 바람직한 행동증가(2개)										
스키너 - 문제 행동의 교정(2개)										
인간중심상담 - 부적응 원인										
인간중심상담 - 상담기법X3										
실존주의 상담 - 부적응 원인										
REBT 상담과정 - ABCDE										
REBT 상담기법 X3										
현실치료 -문제행동의 원인										
현실치료 - 3R 부족										
현실치료 - 우볼딩 WDEP										
해결중심상담 - 인간관										
단기상담의 질문 - 2개 인출										
집단상담의 목표										
집단상담 - 장·단점 각 1개										
학교상담의 영역(3개 기억)										

※ 날짜별로 암기 정도를 확인하고 체크해보세요. (○, △, X)

1교시 | 교육학

PART 3

교육사회

PART 3

01 교육사회학의 이론
02 교육사회학의 쟁점

교육사회학의 이론

01

1. 구교육사회학
2. 신교육사회학

교육사회학의 이론은 이렇게

『교육사회학의 이론』에서는 무엇을 목표로 하나요?

『교육사회학의 이론』에서는 거시적으로 접근하는 구교육사회학과 미시적으로 접근하는 신교육사회학을 구분하여 이해하는 것을 목표로 합니다. 이 부분에서는 구교육사회학의 기능론적 관점이 기출된 바 있습니다.

『교육사회학의 이론』에서는 무엇을 공부하나요?

1 **구교육사회학**에서는 기능이론과 갈등이론을 이해하고 세부적인 이론에서 각기 학교나 교육을 어떤 관점에서 바라보는지 간단하게 살펴봅니다.

2 **신교육사회학**에서는 각 이론의 개념을 간략히 이해하고 주요 학자와 키워드를 보았을 때 어떤 이론인지 찾을 수 있도록 공부합니다. 교육사회학의 기출 빈도는 매우 낮지만 아비투스, 헤게모니, 반학교문화 등의 사회학 기본적인 용어와 친숙해지려는 노력이 필요합니다.

교사의 교육 사례 → 하그리브스의 상호작용론으로 해석하기
학교교육의 문제점에 대한 대화 → 문제제기식 교육이 필요한 이유 서술하기

교육사회학의 이론 구조도

01. 교육사회학의 이론

- **구교육사회학 (거시적 접근)**
  - **기능이론**
    1. 기술기능이론 : 학교는 산업사회를 지탱하는 장치
    2. 인간자본론 ✪ : 교육은 인간자본에 대한 투자
    3. 발전교육론 : 교육은 국가 발전을 위한 중요한 수단
    4. 근대화이론 : 근대적 가치관은 학교교육을 통해 길러짐
    5. 신기능이론 : 집단 간 갈등의 존재를 긍정
  - **갈등이론**
    1. 경제적 재생산이론 : 학교는 사회경제적 지위를 재생산
    2. 종속이론 : 제국주의적 관점
    3. 급진적 저항이론 : 교육을 통한 의식화 및 인간성 해방
    4. 지위경쟁이론 : 공교육은 제도화된 경쟁의 수단

- **신교육사회학 (미시적 접근)**
  - **문화적 재생산이론**
    - [부르디외] 아비투스 ✪
    - 학교는 지배집단의 문화적 자본(아비투스)을 재창조
  - **문화적 헤게모니이론**
    - [애플] 문화적 헤게모니 ✪
    - 교육과정에는 지배집단의 헤게모니가 잠재
  - **사회 구성체이론**
    - [알뛰세르] 의무교육 : 지배이데올로기 내면화
    - 교육은 이념적 국가기구의 한 부분
  - **저항이론**
    - [윌리스] 반학교문화 ✪ : 아버지의 길
    - 인간은 사회 불평등 구조에 저항하는 능동적 존재
  - **자율이론**
    - [번스타인] 언어사회화 ✪
    - 학교는 나름의 독특한 문화를 재생산
  - **상징적 상호작용이론**
    - [미드] 역할취득 I+Me [쿨리] 거울자아이론
    - 자아의식 형성은 사회적 상호작용의 결과
    - 하그리브스의 상호작용론
    - 맥닐의 방어적 수업

나의 마인드맵

01 교육사회학의 이론

PART 3 교육사회

교육사회학이란
1. 교육과 사회와의 관계를 체계적으로 연구하는 학문
2. 교육이라는 현상을 사회학적으로 바라보는 학문
3. 학교와 사회와의 관계, 학교 내부의 사회적 관계에 관심

[교육의 선발 기능]
- 선발 : 능력에 맞는 교육적 경험을 부여, 능력에 따라 지위와 소득을 배분
- 개인능력의 극대화, 인력활용의 극대화

1 구교육사회학 (거시적 접근, 규범적 패러다임) : 사회의 구조적 부분에 관심

1) 기능이론 (functionalism) 기출2015 상 - 기능론적 관점에서 학교 교육의 선발·배치 기능 및 한계 각 2가지

: "학교는 사회화에 도움을 준다.", "학교는 선발과 배치의 기능을 수행한다."

♦ 기능이론 (참고)
- [개념] 😊 사회를 유기체에 비유하여 설명
- [관점] → 학교교육을 통한 계층이동이 가능
  - 교육과 사회 : 학교의 순기능에 주목
  - 교육의 기능 : 사회화(뒤르껭:교육은 곧 사회화이다), 선발·배치 기능 *
  - 기회 평등, 능력주의
- [사회의 본질]
  - 구조와 기능 : 사회(ㅇㄱㅊ)의 각 부분들은 사회 전체의 유지에 기여
  - 통합 : 사회의 각 부분들은 상호의존적인 관계
  - 안정 : 사회는 균형과 안정을 추구하고자 함
  - 합의 : 합의는 가정이나 학교의 사회화 과정을 통해 형성
- [비판] 👎
  - 인간을 수동적, 사회의 종속적 존재로 파악
  - 질서 범위 내에서 안정을 지향하는 ㅂㅅㅈ 입장
  - 학력경쟁을 과열화 → 인성교육, 전인교육 소홀
  - 학교교육을 규격화 : 학생들의 개별성 보다는 공통성 강조
  - 교육의 본질적 기능 < 수단적 기능
  - 사회 통합과 합의를 지나치게 강조 → 집단의 갈등을 다루지 못함

(1) 기술기능이론 (technical-functional theory) - 클라크와 커 (Clark & Kerr)
- [개념]
  고도 산업사회 → 고학력 사회 : 학교는 ㅅㅇㅅㅎ 를 지탱하는 핵심 장치
- [비판]
  과잉학력현상을 설명하지 못함

(2) 인간자본론 (human capital theory) - 슐츠와 베커 (Schultz & Becker)
- [개념]
  교육 = 인간자본에 대한 투자
- 교육수준의 향상 → 개인의 생산성 증대 → 개인의 소득능력 향상 → 사회발전
- 학력에 따른 수입의 차이 : 교육에 의한 지식과 기술의 차이, 생산성의 차이

(3) 발전교육론
- [개념]
  교육은 국가의 정치·경제·사회의 발전을 위한 중요한 수단
- 교육의 ㅅㄷㅈ, 외재적 기능을 중시
- 예) 1950~1960년대 : 교육을 통한 조국 건설, 교육입국

(4) 근대화이론 (modernization theory) - 맥클랜드, 인켈스(McClelland, Inkeles)
- [개념]
  근대적 가치관은 학교교육을 통해 길러짐
- 성취동기 : 근대화를 이루는 중요한 가치
- 어떤 사람이 근대적인 사람인가?
  (새로운 경험에 대한 개방성, 과학과 의학의 효용성에 대한 신념 등)

(5) 신기능이론 - 알렉산더(Alexander)
- [개념]
  기능이론의 근본적 결점을 극복하고자 함
  학교교육을 비판하면서 동시에 학교교육의 강화를 주장
- 집단 간 갈등의 존재를 긍정
- 교육을 통한 사회개혁과 국가적 발달 추구 중시 → 고급인력의 육성을 강조
- 교육팽창은 생태학적 관점에서 국제경쟁에 대한 각 사회의 적응과정

> A 중학교의 교육목표는 미래 산업사회가 필요로 하는 인재의 양성이다. A 중학교가 가정하고 있는 교육사회학의 이론과 그것의 한계점은 무엇인가?
> - 기능론의 관점에서

더하기
과잉학력현상이란, 고학력자들이 자신의 학력과 일치하는 직업보다는 하위의 직업에 종사하거나 실업자로 전락하는 현상

2) 갈등이론 (contradiction theory)

: "학교는 지배집단의 문화를 정당화" "학교는 불평등한 사회구조를 재생산"

> ♦ 갈등이론 (참고)
> - [개념] ☺ 사회가 안정을 유지하는 것은 지배집단의 억압과 강제 때문
> - [관점] → 학교교육은 지배집단의 문화를 정당화, 주입
>   - 교육과 사회 : 학교의 역기능에 주목 (교육의 기능은 부정적, 비판적)
>   - 교육의 기능 : 기존 질서를 정당화, 지배집단의 이익을 대변
>   - 사회적 ㅂㅍㄷ 은 학교교육을 통해서 어떻게 유지, 강화되는가?
>   - 학교교육을 통한 계층 이동은 불가능 : 능력주의 선발은 허구
> - [사회의 본질]
>   - 갈등 : 갈등은 사회진보의 원동력, 모든 사회에는 언제나 갈등이 있음
>   - 변화 : 모든 사회는 언제나 변화의 과정에 있음
>   - 강제(억압) : 모든 사회는 구성원의 일부에 대한 다른 구성원의 강제에 토대
> - [비판] 👎
>   - 교육에 대한 강력한 비판에 비해 대안에 대한 제시가 없음
>   - 사회구조를 지배자와 ㅍㅈㅂㅈ 로 단순화
>   - 교육의 본질적 모습을 왜곡·과장
>   - 유능한 인재의 선발, 사회적 결속 등 학교교육의 공헌을 무시
>   - 개인의 자유의지를 무시

(1) 경제적 재생산이론 (economic reproduction theory) - 보울스와 진티스 (Bowles & Gintis)

- [개념] 😀

  학교교육은 부모의 사회경제적 지위를 재생산하고 정당화하는 도구

- 차별적 사회화 : 학교는 ㄱㅊ 에 기초한 성격적 특징을 차별적으로 사회화시킴

  상류계층 아동(자유, 창의성, 독립심) / 하류계층 아동(순종, 시간엄수, 복종)

- 대응이론 : 노동의 사회적 관계와 교육의 사회적 관계가 서로 대응. 상응이론

  예) 노동을 하면 임금 / 학교를 열심히 다니면 졸업장을 받음

  예) 노동자가 작업내용을 결정 못함 / 학생이 교육과정을 결정 못함

(2) 종속이론 - 카노이 (Carnoy)

- [개념] 😀

  제국주의적 관점 : 학교교육은 경제와 정치권력의 종속변수

- 한 나라의 경제와 정치가 다른 나라에 종속되어 있으면 학교교육도 종속됨

  예) 일제강점기의 식민지 교육

(3) 급진적 저항이론 (radical resistance theory) - 일리치(Illich), 프레이리(Freire)

- [개념] 😀

  교육을 통한 의식화 및 인간성 ㅎㅂ

- 일리치(Illich)의 탈학교론 : 학교교육의 불평등 → 탈학교운동 → 학습망

일리치의 학습망	내용
❶ 교육자료에 대한 참고자료망	학습자가 필요한 자료에 쉽게 접근할 수 있도록
❷ 교육자에 대한 참고자료망	학습자가 원하는 교육자들의 목록을 갖추고
❸ 동료연결망	함께 학습할 동료를 찾을 수 있도록 지원하고
❹ 기술교환망	기능 교환이 이루어질 수 있도록 목록 비치하고

- 프레이리(Freire) : 은행저금식 교육(X) → 문제제기식 교육(O) : 비판적 사고를 기르는 교육

(4) 지위경쟁이론 (=지위집단이론) - 베버(Weber), 콜린스(Collins)

- [개념] 😀

  학교는 특정 지위문화를 가르치는 도구

- 학력은 지위획득을 위한 합법적 수단 → 공교육은 제도화된 경쟁의 수단

- 학교교육의 팽창과정 : 권력을 얻기 위한 집단 간의 ㄱㅈ 의 결과

  예) 사법고시 → 로스쿨

> 우리나라의 교육 인플레이션 현상의 원인을 지위경쟁이론의 측면에서 어떻게 해석할 수 있는가?

2. 신교육사회학 (미시적 접근, 해석학적 패러다임): 왜 그런 결과가 있었는지 과정을 찾고자 함

신교육사회학은 교육과 학교의 내적 과정, 교사와 학생의 상호작용 및 교육과정에 관심을 가짐.

신교육사회학의 대표 학자
1. 영국 : 해석학적 관점
 - 영(Young) : 학교에서 가르치는 지식은 선정·조직되었음
 - 번스타인(Bernstein) : 사회언어학적 연구
2. 미국 : 교육과정 사회학
 - 애플(Apple) : 잠재적 교육과정, 영 교육과정

부르디외의 문화자본
1. 체화된 문화자본(교양의 정도)
 : 언어, 행동방식, 예술 감상 능력
2. 객관화된 문화자본(문화적 재화)
 : 책, 골동품
3. 제도화된 문화자본
 : 학위, 자격증

신교육사회학의 주요 이론	주요 학자 및 내용
❶ 문화적 재생산이론	• 부르디외 (P. Bourdieu) • 학교는 지배집단의 문화적 자본(아비투스)을 재창조 • 지배계급의 문화가 보편적 지식으로 강요되는 상징적 폭력을 통해 전수 예) 음악 - 클래식
❷ 문화적 헤게모니이론	• 애플 (Apple) • 학교의 교육과정에는 지배집단의 헤게모니가 잠재 (헤게모니 : 지배집단이 지닌 의미와 가치체계)
❸ 사회구성체이론 (= 자본주의 국가론)	• 알뛰세르 (L. Althusser) • 교육은 이념적 국가기구의 한 부분 예) 의무교육 - 지배이데올로기를 국민에게 내면화
❹ 저항이론 (= 탈재생이론)	• 윌리스 (Willis) • 인간은 사회의 불평등한 구조에 저항하는 능동적 존재 • 반학교문화 → 아버지의 길=반항의 길=사나이의 길 • 간파 - 학교에서 제시하는 사회적 신분상승 기제가 불평등하게 배분되고 있음을 인식 • 제약 - 간파가 확실한 의식의 형태로 발전하지 못하고 중단, 자신의 계급을 되풀이함.
❺ 자율이론 (= 문화전달이론)	• 번스타인 (Bernstein) • 학교는 지배계급의 문화를 그대로 재생산X • 학교는 나름의 독특한 문화를 재생산, 상대적 자율성 • 사회언어분석 • 두 교수법의 마찰 = 계급 간의 갈등

집합형 교육과정	통합형 교육과정
예) 분과형 교육과정	예) 중핵 교육과정
보이는 교수법	보이지 않는 교수법
전통적 교수법	진보주의 교수법
놀이와 학습을 구분	놀이와 학습 구분 모호
교사의 자율성 축소	교사의 자율성 확대

[개념] : 자아의식 형성은 사회적 ㅅㅎㅈㅇ 의 결과
- 미드 (Mead) : 사회가 개인의 발달에 강력한 영향을 미친다.
  - 의사소통능력, 역할취득(role taking)이 중요
  - 1) 놀이 → 2) 게임 → 3) 일반화된 타자
  - 자아 : I (주체적 자아) + Me (사회적 자아)
- 쿨리(Cooley) : 거울자아이론 → 교사의 역할이 중요
- 하그리브스(Hargreaves)의 상호작용론
  - 개념 : 교사의 자기개념 및 학생을 어떻게 규정하는가에 따른 교사의 유형을 구분

유형	내용
맹수 조련사형	• [교사의 역할] 학생을 엄격하게 모범생으로 길들이기 • 학생은 교사의 지시에 잘 따라야 함
연예인형	• [교사의 역할] 학생이 즐겁게 배울 수 있도록 돕기 • 학생과 교사는 친구와 같은 관계
낭만가형	• [교사의 역할] 다양한 학습기회를 만들어 주기 • 학생은 누구나 학습하기를 좋아하므로 학생의 능력을 신뢰

❻ 상징적 상호작용이론

- 맥닐(McNeil)의 방어적 수업
  - 개념 : 교사가 학급 내의 규율을 유지하고 수업을 편하게 통제하려는 생존전략
  - 학생의 반응을 줄이는 방식으로 수업 (호기심↓, 질문↓)

유형	내용
단편화	• 지식을 잘게 쪼개서 가르침 → 수많은 지식을 효과적으로 전달, 토론이나 반대의견 금지
신비화	• 복잡한 주제는 전문가만 알 수 있다고 말하며 신비화 → 교사에게서 제공하는 정보에 의존하는 태도 형성 예) 이건 전문가만 아는 거야. 그냥 외워.
생략	• 논쟁의 여지가 있는 주제는 생략 → 반대의견이나 토론이 있을 수 있는 부분을 생략 예) 이 부분은 몰라도 괜찮아.
방어적 단순화	• 어려운 주제는 간단히 언급만 하고 넘어감 → 반복해서 설명하거나 뚜렷한 경험을 시키는 활동을 회피 예) 깊이 들어가지 않아도 괜찮아. 별로 어렵지 않을거야.

- 교육적 시사점 : 지식의 성격은 교사에 의해 전달되는 과정에서도 왜곡될 수 있으므로 현실은 더 복잡

▶▶ 묻고 답하며 인출 연습을 해 봅시다.

연습문제

1 기능론의 관점에서 학교교육의 기능은?

2 갈등론의 관점에서 학교교육의 기능은?

3 베버와 콜린스가 주장한 지위경쟁이론에서 학교는 어떤 역할을 하는 곳인가?

4 알뛰세르의 사회구성체이론에서 의무교육은 어떤 의미를 가지는가?

5 윌리스의 저항이론의 관점에서 노동자 계급이 세습되는 원인은?

▶▶ 스스로 묻고 답하며 학습한 이론을 깊게 떠올려 봅시다.

나만의 문제 5개 만들기

교육사회학의 쟁점

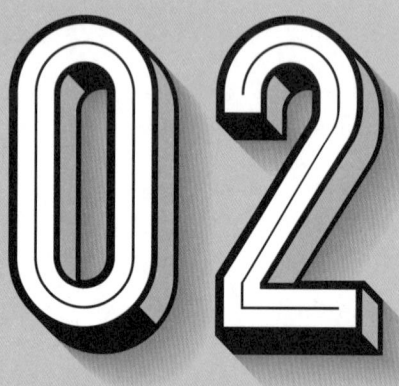

02

1. 교육과 사회화
2. 교육과 사회평등
3. 교육과 학력상승

교육사회학의 쟁점은 이렇게

『교육사회학의 쟁점』에서는 무엇을 목표로 하나요?

『교육사회학의 쟁점』에서는 사회화와 사회평등을 바라보는 다양한 이론을 기초적인 수준에서 이해하는 것을 목표로 합니다. 그리고 학력상승을 어떻게 설명할 수 있는지 다양한 이론의 관점에서 각기 제시할 수 있도록 공부합니다. 교육사회학의 쟁점은 교육학 논술에서 출제 빈도가 비교적 높지 않지만, 다른 영역과 관련지어 출제될 수 있는 부분이며 2차 면접의 기본 토대가 되는 영역입니다.

『교육사회학의 쟁점』에서는 무엇을 공부하나요?

1. **교육과 사회화**에서는 사회화를 바라보는 뒤르켐, 파슨스, 드리븐의 각기 다른 관점을 비교해봅니다. 시험의 기능 부분은 매우 일반적인 내용이지만, 문화변동에서는 문화실조가 기출된 바 있으며 이론의 구분이 뚜렷하여 간단한 개념들을 중심으로 차이점을 기억할 수 있도록 공부합니다.

2. **교육과 사회평등**에서는 교육평등관의 유형이 가장 중요합니다. 교육평등관의 유형 네 가지와 그것이 각기 기회의 평등과 내용의 평등으로 어떻게 구현될 수 있는지 확인합니다. 교육격차의 원인에서는 학교 내적인 요인인지 학교 외적인 요인인지 구분해보고 1가지 정도씩 인출할 수 있도록 공부합니다.

3. **학력상승**에서는 각기 다양한 이론에서 과잉학력을 어떻게 설명하는지 개념을 파악합니다.

문화실조론과 문화다원론 비교하기
학력상승에 대한 제시문 → 특정 이론의 관점에서 해석하기

교육사회학의 쟁점 구조도

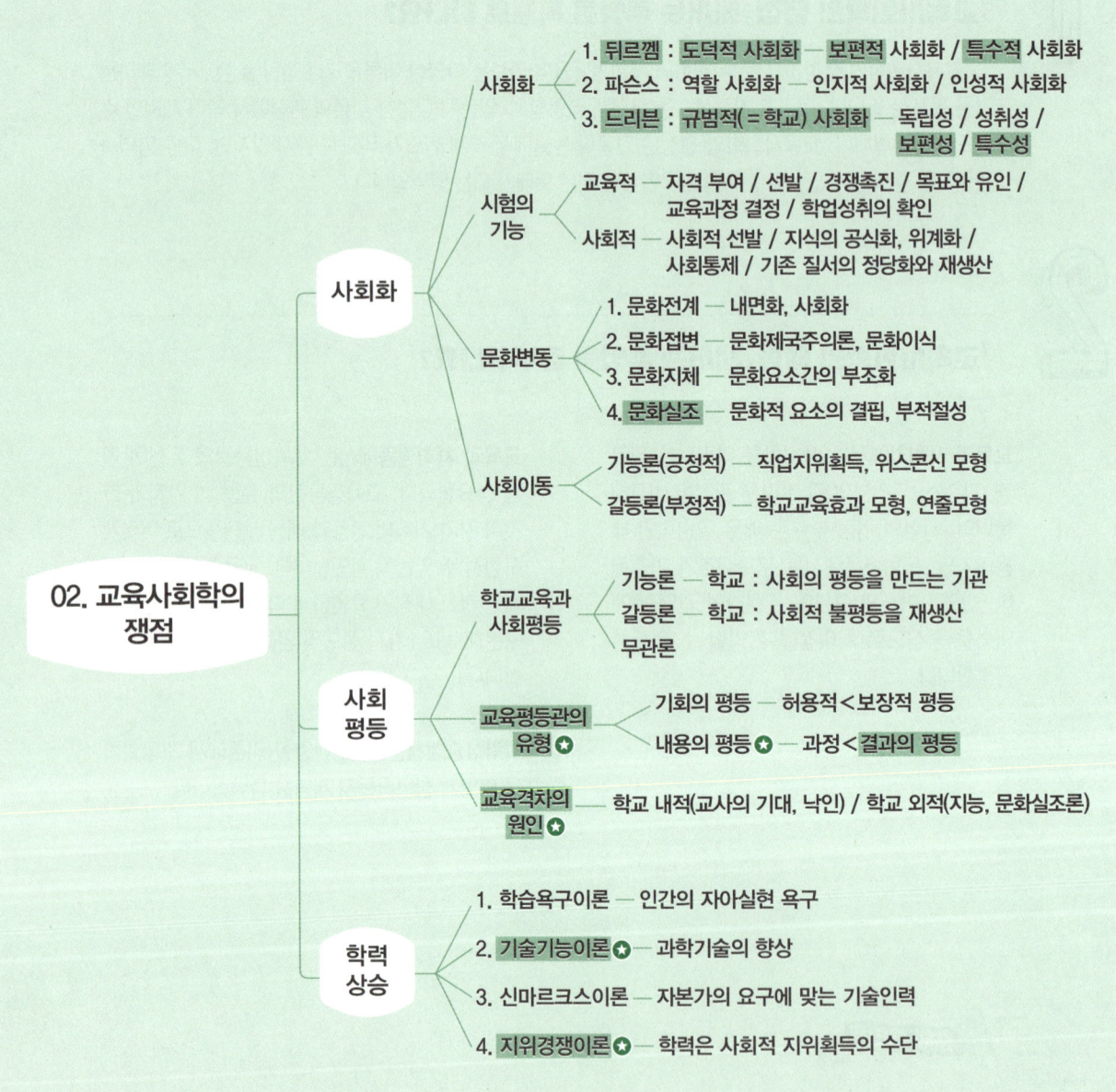

나의 마인드맵

02 교육사회학의 쟁점

1 교육과 사회화

1) 사회화 (socialization)

> **더하기**
> 사회화란, 한 인간이 태어나서 그 사회의 행동양식 또는 생활양식을 습득하면서 그 사회의 구성원이 되어가는 과정

구분	내용
❶ 뒤르켐 (Durkheim) 도덕적 사회화	• 교육은 사회화의 과정 • 학교교육의 핵심 - 사회의 보편적 가치, ㄷㄷ 교육 • 학교교육의 목적 - 아노미를 극복한 도덕적 사회화 | 보편적 사회화 | 특수적 사회화 | |---|---| | 구성원의 동질성 확보 | 사회발전에 따른 지식 | | 사회의 가치·규범 내면화 | 특정 사회의 내면화 | | 보통교육, 교양교육 | 전문교육, 직업교육 (직업적 사회화) | | 예) 한국인이라면~ | 예) 교사가 되려면~ |
❷ 파슨스 (Parsons) 역할 사회화	• 학생이 장차 성인이 되어 담당하게 될 역할수행에 반드시 필요한 자질을 학습하는 과정 : ㅇㅎ 사회화 • 학교의 기능 : 잠재적 유형유지 • 사회적 선발 → 직업적 역할 분배 → 역할 사회화 | 인지적 사회화 | 인성적 사회화 | |---|---| | 지식, 기술을 학습 | 협동, 질서 등 규범 학습 |
❸ 드리븐 (Dreeben) 규범적 사회화 = 학교사회화	• 학교규범론 : 학교는 핵심적인 ㄱㅂ 을 사회화하기 위한 기관 • 현대 산업사회에서 학생들이 학습해야 할 규범 | 규범 X4 | 내용 | |---|---| | 독립성 | - 과제를 독자적으로 수행 - 자신의 행동에 책임을 지도록 함 예) 스스로 숙제하기 | | 성취성 | - 성과에 따라 대우를 받음 예) 성취에 따라 다른 보상을 제공 | | 보편성 | - 보편적인 규칙이 있음 예) 일관된 학교 규칙을 적용 | | 특수성 | - 특정 상황에서 그에 맞는 규칙 적용 예) 학년에 따라 다르게 적용 |

> 드리븐의 규범적 사회화 이론에 근거할 때 학교에서 학생들이 학습해야 할 규범에는 무엇이 있을까?
> - 규범을 2가지 제시
> - 규범의 내용과 구체적인 지도 내용을 함께 제시

2) 시험의 기능

(1) 시험의 교육적 기능

시험의 교육적 기능	내용
❶ 자격부여	• 성취 수준을 기준으로 ㅈㄱ 을 부여 　예 임용시험, 면허시험
❷ 선발	• 상급 학년 또는 학교의 진학을 위한 ㅅㅂ
❸ 경쟁촉진	• 시험으로 선발하는 기능 → 사회적 긴장 조성 　예 입시 위주의 교육
❹ 목표와 유인	• 시험문제의 범위와 수준 → 동기, 학습의욕 자극
❺ 교육과정 결정	• 시험에 출제되는 것을 중심으로 가르치고 배움 　예 시험에 나오지 않는 영역 – 교육과정 논의에 빠짐
❻ 학업성취의 확인	• 교육의 결과를 확인, 학생의 미래학습을 예언

(2) 시험의 사회적 기능

시험의 사회적 기능	내용
❶ 사회적 선발	• 시험의 결과에 따라 사회적 ㅈㅇ 와 보상이 부여 　예 사회적 지위와 학벌의 관계, 직장 입사 시 선발 자료
❷ 지식의 공식화, 위계화	• 시험에서 정답인 지식 : 사회의 공식적 인정 • 출제되는 지식과 그렇지 않은 지식의 ㅇㄱㅎ 　예 교육학 논술 : 교육사회학과 교육행정 사이의 위계화?
❸ 사회통제	• 독재사회 → 지식교육, 규범교육을 통제 • 시험은 지식과 규범의 통제 기제
❹ 기존 사회 질서의 정당화와 재생산	• 기존 사회 질서를 정당화, 재생산 　예 선다형 문제 : 지시를 맹목적으로 따르는 수동적 인간 양산

문화의 개념
일정한 사회집단이 공동으로 가지고 있는 사고, 감정, 행동양식을 포함하는 모든 생활양식

3) 문화변동 (cultural changes)

(1) 개념
- 어떤 문화가 하나의 형태로부터 다른 형태로 변화하는 것

(2) 유형

문화변동의 유형 X4	내용
❶ 문화전계 (enculturation)	• 한 개인이 그 집단의 문화를 내면화하는 과정 • 문화화, ㅅㅎㅎ 예) 웃어른께 인사를 예의 바르게 해야 한다는 것을 배움
❷ 문화접변 (acculturation)	• 두 문화간의 상호작용으로 일어나는 문화변동 • 문화제국주의론(carnoy) → 문화이식 예) 일제강점기에 일본식으로 집을 짓고, 일본음식이 들어옴
❸ 문화지체* (cultural lag)	• 부분 간 변동 속도의 차이로 인해 생기는 격차 • 문화요소 간의 부조화 현상 예) 직장 내에서의 갑질피해 신고센터

❹ 문화실조 (cultural deprivation)
기출2014 하 - 문화실조 관점에서의 진단
	• 문화적 요소의 결핍 또는 부적절성
	  → 인지·사회·정서 발달에 지장을 초래
	  → 보상교육 필요
	  예) 다문화로 인한 어려움을 겪는 가정 – 자녀의 학업부진

(3) 문화실조론과 문화다원론

	문화실조론	문화다원론
개념	아동의 지적능력은 유전 X 가정의 문화적 환경이 결핍	문화에는 우열이 X 농촌–도시, 하층–상층 문화가 다를 뿐
학업격차의 원인	문화적 환경 결핍	문화적 경험의 다름
해결책	보상교육 제공, 학습장애 제거	학교 교육과정이 여러 집단의 문화를 골고루 다루어야 함

4) 사회이동 (social mobility)

(1) 개념
- 개인이나 집단이 어느 사회계층에서 다른 사회계층으로 이동하는 현상

(2) 사회이동과 교육의 관계

구분	기능론의 관점	갈등론의 관점
개념	교육은 사회이동에 긍정적 역할 - 교육은 출세의 중요한 통로	교육은 사회이동에 부정적 역할 - 지위는 가정 배경으로 결정
모형	❶ 블라우와 던컨 (Blau & Duncan) [직업지위획득 모형] : 학교교육은 사회이동에 결정적 역할 가정배경 ○ 사회적 지위(직업적 지위) + ++ 학교교육(인지적 측면) ❷ 스웰과 하우저 (Sewell & Hauser) [위스콘신 모형] : 의미 있는 타인의 격려가 직업적 지위의 매개변인으로 작용	❶ 보울스와 진티스 (Bowles & Gintis) [학교교육효과 모형] : 가정의 사회·경제적 배경이 사회적 지위를 결정 가정배경 ++ 사회적 지위(직업적 지위) + + 학교교육(비인지적 측면) ❷ 스탠톤-살라자와 돈부쉬 (Stanton-Salazar & Dounbusch) [연줄 모형] : 학교 내의 사회적 자본이 교육 및 직업 획득에 영향
요약	↓ 학교교육을 잘 받으면 사회에서 출세할 수 있다.	↓ 집안이 좋거나 배경이 좋은 친구를 사귀면 출세한다.

> 터너(Turner)의 사회이동
> 1. 경쟁적 이동
> : 기존 엘리트의 간섭 없이 경쟁을 통한 상승 이동. 단선형 학제
> 2. 후원적 이동
> : 기존 엘리트가 능력 소유자를 조기에 선발하여 교육함. 복선형 학제

> 기능론의 관점에서 교육이 사회이동에 긍정적 영향을 주기 위한 실천방안에는 무엇이 있을까?
> - 학교 차원
> - 교사 차원

2. 교육과 사회평등

1) 학교교육과 사회평등

관점 X3	학교교육은?	대표 학자 및 내용
❶ 기능이론 (= 평등화 기여론)	- 사회의 평등을 만드는 기관	• 블라우와 던컨(Blau & Duncan) • 호레이스 만(Horace Mann) : '위대한 평등장치' • 해비거스트(Havighurst) : 교육은 사회적 상승이동 촉진 • 인간자본론(평등주의 옹호론) : 교육은 소득분배의 평등화
❷ 갈등이론 (= 불평등 재생산이론)	- 사회적 불평등을 ㅈ ㅅ ㅅ - 지배층의 이익에 봉사	• 보울스와 진티스(Bowles & Gintis) • 카노이(Carnoy) : 교육은 가진 자에게만 봉사
❸ 무효과론 (= 무관론)	- 평등화와 관련 의미 없음 - 사회평등보다 다른 가치 추구	• 젠크스(Jencks) : School doesn't matter

더하기
카노이의 연구
1. 교육수익률이 높은 경우
 (학교발달 초기/cool out)
 : 학교교육기회가 제한
2. 교육수익률이 낮은 경우
 (학교발달 후기/warm up)
 : 학교교육기회가 보편화

2) 교육평등관의 유형

구분	유형 X4	내용	사례

기회의 평등	❶ 허용적 평등	• 모든 사람에게 교육받을 기회를 허용
		 - 동등한 출발점, 기회균등(기회의 평등)
		  예) 저도 학교에 다닐 수 있나요?
		   - 신분, 종교, 성별, 나이 등
			의무교육제도

기회의 평등	❷ 보장적 평등	• 교육을 막는 지리·사회적 장애를 제거
		 - 실질적인 교육기회 보장
		  예) 학교에서는 오라고 하는데 돈을 벌어야 해요.
		  예) 학교에서는 오라 하는데 갈 수가 없어요.
		   - 경제적, 지리적, 사회적 요인
			무상의무교육

내용의 평등	❸ 과정의 평등	• 교육여건의 학교 간 차이가 없어야 함
		 - 콜맨보고서 : 문화환경결핍론
		  (교육조건 평등한데 학업성취 왜 다르나?)
		• =조건적 평등관
		  예) 학교에 왔는데 윗 동네랑 분위기가 달라요.
			고교평준화

내용의 평등	❹ 결과의 평등*	• 교육받은 ㄱㄱ가 같아야 진정한 교육평등
		 - 능력이 낮은 학생에게 더 투자하자.
		• =보상적 평등관
		  예) **헤드스타트 프로그램**
		    : **취학전 보상교육**
		  예) **학생 간 격차 해소**
		    : 배움이 느린 학생들을 위한 방과후를 개설하자.
		  예) **계층 간 격차 해소**
		    : 교육복지투자우선지원사업
		  예) **지역 간 격차 해소**
		    : 농어촌지역 학생의 대학입시 특별전형제
			농어촌특별전형

3) 교육격차의 원인 : 교육 격차, 학업성취의 차이는 왜 생기나요?

(1) 학교 내적 요인

교육격차를 설명하는 모형에는 결핍모형과 기회모형이 있음
1. 결핍모형 : 학생이 지닌 속성의 차이로 교육격차가 발생함
2. 기회모형 : 교육에 투입되는 자원의 차이로 교육격차가 발생함

* 긍정적 기대의 중요성
 - 로젠탈 효과(칭찬의 긍정효과)
 - 플라시보 효과(긍정적 자기암시)
 - 피그말리온 효과

학교 내적 요인 X4	내용
❶ 교사의 기대(긍정)	•교사의 긍정적 ㄱ ㄷ 와 평가가 학생들에게 영향 - 피그말리온 효과(자기 충족적 예언) : 저학년, 하류계층, 중간 성적인 학생이 더 영향
❷ 낙인과 일탈행동(부정)	•교사나 친구들이 부정적으로 인식하여 학생이 신뢰를 잃게 될 경우 - 낙인효과, 스티그마 효과
❸ 교육과정과 이데올로기	•학교 교육과정이 특정 집단에게 유리함 - 상대적으로 불리한 위치에 있는 학생이 있음
❹ 학생문화와 학교풍토	•[학생문화] : 콜맨(Coleman) 예) 미국의 고등학생들의 비학구적인 문화 (운동이나 학생자치 활동↑, 학구적 활동↓) •[학생문화] : 맥딜(McDill)의 후속 연구 - 학생문화는 영향을 주긴 하지만 관련 낮음 - 지능지수, 사회경제적 지위, 소망수준 〉 학생문화 •[학교풍토] : 브루코버(Brookover) (1975년) - 학교의 사회·심리적 분위기가 영향을 미침

구성	내용
학생 풍토	•학구적 무력감 •학생이 지각한 현재의 평가 및 기대 •장래의 평가 및 기대
교사 풍토	•교육의 질 •교장의 기대에 대한 교사의 지각 •학구적 무력감
교장 풍토	•학력증진을 위한 노력 •학생에 대한 현재의 기대 및 지각 •교육에 대한 부모 관심 및 기대 지각

•[학교풍토] : 브루코버(Brookover) (1979년)
 - 투입-과정-산출 모형

```
           학교의
           사회적 구조
          ↗        ↘
투입요인                  산출요인
•학생집단 특성            •성적
•교직원 배경             •자아개념
                       •자신감
          ↘        ↗
           학교의
           사회적 풍토
```

브루코버의 미시적 모형
: 효과적인 학교의 특성요인
1. 교장과 교사의 강한 지도력
2. 교사의 높은 기대
3. 분명한 교수·학습 목표

(2) 학교 외적 요인

학교 외적 요인 X3	내용
❶ 지능	•[기능주의] 　- 지능검사 : 지능 확인, 개인 능력에 따른 교육 　　"지능이 낮으니 학업성취가 낮지." •[갈등주의] 　- 지능검사 : 불평등을 정당화하는 메커니즘 　　"문화자본 부족, 교육투자가 부족하니 지능이 낮게 나오지."
❷ 사회경제적 배경	•가정의 사회경제적 ㅂㄱ이 학업성취에 영향 •[콜맨 보고서] : 가정배경이 학업성취에 가장 큰 영향 　- 사회자본이 학업성취에 가장 큰 영향요인 　- 문화환경결핍론 | 자본 | 내용 | |---|---| | 경제자본 | •부모의 경제력 •소득, 재산, 직업 | | 인적자본 | •부모의 학력 •부모의 지적 수준, 교육 수준 | | 사회자본 | •부모와 자식 간의 관계 •가정 내 - 부모의 관심, 기대수준 •가정 외 - 부모의 인맥, 지인 |
❸ 문화실조론 기출2014 하 - 문화실조 관점에서의 진단	•하류층의 삶 자체가 열악한 문화공간을 형성 　- 학교에서 요구하는 언어 및 사고양식이 결핍됨 　- 학교 학습에 필요한 기본 소양을 갖추지 못함 　- 서구 산업사회 백인 중산층 문화의 ㅅㅈ가 원인 •불우한 아동에 대한 보상교육 프로그램 　- Head start(미국, 1965년) •언어실조론 : 번스타인(Bernstein) 　- 정교한 어법 / 제한된 어법의 사용 차이

● 문화다원론
- 학교가 특정 계층의 문화를 가르침으로써 그 문화와 다른 문화권에서 살아와 그 문화에 익숙하지 않은 학생들의 학업성취가 낮게 나타남
- 문화에는 우열이 없고 다를 뿐
- 문화상대주의 입장
- 편향된 문화를 가르치는 학교의 문제 → 학교 내적 요인
- (지도방안) 다문화교육
  : 상담활동, 다름을 존중하는 학급 분위기 조성

3. 교육과 학력상승 : 학력상승의 원인은 어디에 있는가?

구분	학력상승이론 X5	구분	내용
기능론	❶ 학습욕구이론 – 심리적 원인 (Maslow)	원인	• 인간의 지적(자아실현) 욕구 • [학교] 학습욕구를 충족시켜주는 기관
		비판	• 학교가 학습 ㅇㄱ를 충족시켜주는 기관인가? : 입증하기 어려움
	❷ 기술기능이론 – 경제적 원인 (Clark & Kerr)	원인	• 과학기술의 향상 → 직업기술의 수준이 높아짐 • 취업에 필요한 교육의 수준이 높아지므로 • 산업사회의 구조가 학력상승을 유발 • [학교] 산업사회를 지탱하는 핵심장치
		비판	• 직장에서 대학 전공과 관련없는 일을 하는 현상 • 학력수준보다 낮은 직업에 종사하는 현상

갈등론	❸ 신마르크스 이론
	– 경제적 원인
	(Bowles & Gintis)
		원인	• 자본주의 경제체제 유지
			  – 자본가의 요구에 맞는 기술인력 공급
			  – 자본주의적 사회규범 주입
			• [학교] 자본주의에 적합한 기술인력, 사회규범 주입

		비판	• 자본계급의 이익 이외에도 학습자 자신의 이익이 있을 수 있으나 그에 대한 고려가 없음
	❹ 지위경쟁이론 – 사회적 원인 (Weber, Dore, Collins)	원인	• 학력은 사회적 지위획득의 수단 • 경쟁적으로 높은 학력 취득 → ㅎㄹ주의 사회 • [공헌점] 과잉학력현상을 설명할 수 있음 • 졸업장 병(diploma disease) : 도어(Dore) • 학력주의 사회(credential society) : 콜린스(Collins)
		비판	• 학교교육의 내용적 측면에 무관심 • 경쟁의 긍정적 측면에 무관심

MEMO

연습문제

1. 파슨스의 이론에서 강조하는 사회화는 무엇?

2. 드리븐의 학교규범론에서 제시하는 규범은 무엇? X4

3. 학력상승에 대해 기술기능이론의 입장에서 설명한다면?

4. 학력상승에 대해 지위경쟁이론의 입장에서 설명한다면?

5. 교육격차의 원인을 학교 내적 요인으로 설명한다면? (2가지 인출)

▶▶ 스스로 묻고 답하며 학습한 이론을 깊게 떠올려 봅시다.

▶ **나만의 문제 5개 만들기**

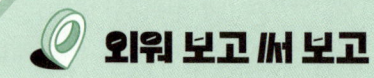

암기 내용	날짜									
01. 교육사회학의 이론	/	/	/	/	/	/	/	/	/	/
기술기능이론 – 비판점										
인간자본론 – 교육은?										
경제적 재생산이론 – 학교는?										
급진적 저항이론 – 개념										
지위경쟁이론 – 공교육은?										
문화적 재생산이론 – 학교는?										
문화적 헤게모니 – 교육과정은?										
자율이론 – 학교는?										
자율이론 – 두 교수법										
하그리브스의 교사유형 X3										
02. 교육사회학의 쟁점	/	/	/	/	/	/	/	/	/	/
뒤르켐 – 학교교육의 목적										
드리븐 – 학교교육의 목적										
시험의 교육적 기능 X2										
시험의 사회적 기능 X2										
문화변동의 유형 X4										
교육평등관 – 기회의 평등 X2										
교육평등관 – 내용의 평등 X2										
학습욕구이론 – 학교는?										
기술기능이론 – 학교는?										
신마르크스이론 – 학교는?										
지위경쟁이론 – 학력은?										

※ 날짜별로 암기 정도를 확인하고 체크해보세요. (○, △, X)

PART 4

2022 개정 교육과정 총론 (발췌)

PART 4

01 교육과정 구성의 방향
02 학교 교육과정 설계와 운영
03 학교급별 교육과정 편성·운영의 기준

교육과정의 성격

이 교육과정은 초·중등교육법 제23조제2항에 의거하여 고시한 것으로, 초·중등학교의 교육 목적을 달성하기 위해 초·중등학교에서 운영하여야 할 학교 교육과정의 공통적이고 일반적인 기준을 국가 수준에서 제시한 것이다.

이 교육과정 기준의 성격은 다음과 같다.

가. 국가 수준의 공통성을 바탕으로 지역, 학교, 개인 수준의 다양성을 추구할 수 있도록 학교 교육과정의 기준과 내용에 관한 기본사항을 제시한다.
나. 학교 교육과정이 학생을 중심에 두고 주도성과 자율성, 창의성의 신장 등 학습자 성장을 지원할 수 있도록 교육과정의 기준과 내용을 제시한다.
다. 학교의 전반적인 교육 체제를 교육과정 중심으로 운영할 수 있도록 교육과정의 기준과 내용을 제시한다.
라. 학교 교육과정이 추구하는 교육 목적의 실현을 위해 학교와 시·도 교육청, 지역사회, 학생·학부모·교원이 함께 협력적으로 참여하는 데 필요한 사항을 제시한다.
마. 학교 교육의 질적 수준을 국가와 시·도 교육청, 학교 수준에서 관리하고 개선하기 위해 기반으로 삼아야 할 교육과정의 기준과 내용을 제시한다.

교육과정 구성의 방향

01

1. 교육과정 구성의 중점
2. 추구하는 인간상과 핵심역량
3. 학교급별 교육 목표

- 이 장에서는 국가 교육과정의 개정 배경과 중점을 설명하고, 이 교육과정으로 교육을 받는 사람이 갖출 것으로 기대하는 모습과 중점적으로 기르고자 하는 핵심역량 및 교육 목표를 제시한다.
- '교육과정 구성의 중점'에서는 교육과정 개정의 주요 배경과 이에 따른 개정 중점을 제시한다.
- '추구하는 인간상'은 초·중등 교육을 통해 학생들이 갖출 것으로 기대하는 특성을 나타낸 것으로, 교육의 본질과 방향을 제시하는 기능을 한다.
- '핵심역량'은 추구하는 인간상을 구현하기 위해 학교 교육의 전 과정을 통해 중점적으로 기르고자 하는 능력이다.
- '학교급별 교육 목표'는 추구하는 인간상과 핵심역량을 바탕으로 초·중·고등학교별로 달성하기를 기대하는 교육 목표이다.

교육과정 구성의 방향

1. 교육과정 구성의 중점

우리나라 초·중등학교 교육과정은 사회 변화와 시대적 요구를 반영하여 지속적으로 개정되고 발전해 왔다. 우리 사회는 새로운 변화와 도전에 직면해 있으며, 이에 대응하기 위해 교육과정을 개정할 필요성이 제기되었다. 교육과정의 변화를 요청하는 주요 배경은 다음과 같다.

첫째, 인공지능 기술 발전에 따른 디지털 전환, 감염병 대유행 및 기후·생태환경 변화, 인구 구조 변화 등에 의해 사회의 불확실성이 증가하고 있다.

둘째, 사회의 복잡성과 다양성이 확대되고 사회적 문제를 해결하기 위한 협력의 필요성이 증가함에 따라 상호 존중과 공동체 의식을 함양하는 것이 더욱 중요해지고 있다.

셋째, 학생 개개인의 특성과 진로에 맞는 학습을 지원해 주는 맞춤형 교육에 대한 요구가 증가하고 있다.

넷째, 교육과정 의사 결정 과정에 다양한 교육 주체들의 참여를 확대하고 교육과정 자율화 및 분권화를 활성화해야 한다는 요구가 높아지고 있다.

이에 그동안의 교육과정 발전 방향을 계승하면서 미래 사회를 살아갈 학생들이 주도적으로 삶을 이끌어가는 능력을 함양할 수 있도록 교육과정을 구성한다.

이 교육과정은 우리나라 교육과정이 추구해 온 교육 이념과 인간상을 바탕으로, 미래 사회가 요구하는 핵심역량을 함양하여 포용성과 창의성을 갖춘 주도적인 사람으로 성장하게 하는 데 중점을 둔다.

이를 위한 교육과정 구성의 중점은 다음과 같다.

가. 디지털 전환, 기후·생태환경 변화 등에 따른 미래 사회의 불확실성에 능동적으로 대응할 수 있는 능력과 자신의 삶과 학습을 스스로 이끌어가는 주도성을 함양한다.

나. 학생 개개인의 인격적 성장을 지원하고, 사회 구성원 모두의 행복을 위해 서로 존중하고 배려하며 협력하는 공동체 의식을 함양한다.

다. 모든 학생이 학습의 기초인 언어·수리·디지털 기초소양을 갖출 수 있도록 하여 학교 교육과 평생 학습에서 학습을 지속할 수 있게 한다.

라. 학생들이 자신의 진로와 학습을 주도적으로 설계하고, 적절한 시기에 학습할 수 있도록 학습자 맞춤형 교육과정 체제를 구축한다.

마. 교과 교육에서 깊이 있는 학습을 통해 역량을 함양할 수 있도록 교과 간 연계와 통합, 학생의 삶과 연계된 학습, 학습에 대한 성찰 등을 강화한다.

바. 다양한 학생 참여형 수업을 활성화하고, 문제 해결 및 사고의 과정을 중시하는 평가를 통해 학습의 질을 개선한다.

사. 교육과정 자율화·분권화를 기반으로 학교, 교사, 학부모, 시·도 교육청, 교육부 등 교육 주체들 간의 협조 체제를 구축하여 학습자의 특성과 학교 여건에 적합한 학습이 이루어질 수 있도록 한다.

2 추구하는 인간상과 핵심역량

우리나라의 교육은 홍익인간의 이념 아래 모든 국민으로 하여금 인격을 도야하고, 자주적 생활 능력과 민주시민으로서 필요한 자질을 갖추어 인간다운 삶을 영위하고, 민주 국가의 발전과 인류 공영의 이상을 실현할 수 있도록 함을 목적으로 한다.

이러한 교육 이념과 교육 목적을 바탕으로, 이 교육과정이 추구하는 인간상은 다음과 같다.

가. 전인적 성장을 바탕으로 자아정체성을 확립하고 자신의 진로와 삶을 스스로 개척하는 자기 주도적인 사람

나. 폭넓은 기초 능력을 바탕으로 진취적 발상과 도전을 통해 새로운 가치를 창출하는 창의적인 사람

다. 문화적 소양과 다원적 가치에 대한 이해를 바탕으로 인류 문화를 향유하고 발전시키는 교양 있는 사람

라. 공동체 의식을 바탕으로 다양성을 이해하고 서로 존중하며 세계와 소통하는 민주시민으로서 배려와 나눔, 협력을 실천하는 더불어 사는 사람

이 교육과정이 추구하는 인간상을 구현하기 위해 교과 교육과 창의적 체험활동을 포함한 학교 교육 전 과정을 통해 중점적으로 기르고자 하는 핵심역량은 다음과 같다.

가. 자아정체성과 자신감을 가지고 자신의 삶과 진로를 스스로 설계하며 이에 필요한 기초 능력과 자질을 갖추어 자기주도적으로 살아갈 수 있는 자기관리 역량
나. 문제를 합리적으로 해결하기 위하여 다양한 영역의 지식과 정보를 깊이 있게 이해하고 비판적으로 탐구하며 활용할 수 있는 지식정보처리 역량
다. 폭넓은 기초 지식을 바탕으로 다양한 전문 분야의 지식, 기술, 경험을 융합적으로 활용하여 새로운 것을 창출하는 창의적 사고 역량
라. 인간에 대한 공감적 이해와 문화적 감수성을 바탕으로 삶의 의미와 가치를 성찰하고 향유하는 심미적 감성 역량
마. 다른 사람의 관점을 존중하고 경청하는 가운데 자신의 생각과 감정을 효과적으로 표현하며 상호협력적인 관계에서 공동의 목적을 구현하는 협력적 소통 역량
바. 지역·국가·세계 공동체의 구성원에게 요구되는 개방적·포용적 가치와 태도로 지속 가능한 인류 공동체 발전에 적극적이고 책임감 있게 참여하는 공동체 역량

3. 학교급별 교육 목표

가. 초등학교 교육 목표

초등학교 교육은 학생의 일상생활과 학습에 필요한 기본 습관 및 기초 능력을 기르고 바른 인성을 함양하는 데 중점을 둔다.

1) 자신의 소중함을 알고 건강한 생활 습관을 기르며, 풍부한 학습 경험을 통해 자신의 꿈을 키운다.
2) 학습과 생활에서 문제를 발견하고 해결하는 기초 능력을 기르고, 이를 새롭게 경험할 수 있는 상상력을 키운다.
3) 다양한 문화 활동을 즐기며 자연과 생활 속에서 아름다움과 행복을 느낄 수 있는 심성을 기른다.
4) 일상생활과 학습에 필요한 규칙과 질서를 지키고 서로 돕고 배려하는 태도를 기른다.

나. 중학교 교육 목표

중학교 교육은 초등학교 교육의 성과를 바탕으로, 학생의 일상생활과 학습에 필요한 기본 능력을 기르고, 바른 인성 및 민주시민의 자질을 함양하는 데 중점을 둔다.

1) 심신의 조화로운 발달을 바탕으로 자아존중감을 기르고, 다양한 지식과 경험을 통해 책임감을 가지고 적극적으로 삶의 방향과 진로를 탐색한다.
2) 학습과 생활에 필요한 기본 능력 및 문제 해결력을 바탕으로, 도전정신과 창의적 사고력을 기른다.
3) 자신을 둘러싼 세계에서 경험한 내용을 토대로 우리나라와 세계의 다양한 문화를 이해하고 공감하는 태도를 기른다.
4) 공동체 의식을 바탕으로 타인을 존중하고 서로 소통하는 민주시민의 자질과 태도를 기른다.

다. 고등학교 교육 목표

고등학교 교육은 중학교 교육의 성과를 바탕으로, 학생의 적성과 소질에 맞게 진로를 개척하며 세계와 소통하는 민주시민으로서의 자질을 함양하는 데 중점을 둔다.

1) 성숙한 자아의식과 인간의 존엄성에 대한 존중을 바탕으로 일의 가치를 이해하고, 자신의 진로에 맞는 지식과 기능을 익히며 평생 학습의 기본 능력을 기른다.
2) 다양한 분야의 지식과 경험을 융합하여 창의적으로 문제를 해결하고, 새로운 상황에 능동적으로 대처하는 능력을 기른다.
3) 다양한 문화에 대한 이해를 바탕으로 자신의 삶을 성찰하고 새로운 문화 창출에 기여할 수 있는 자질과 태도를 기른다.
4) 국가 공동체에 대한 책임감을 바탕으로 배려와 나눔을 실천하며 세계와 소통하는 민주시민 으로서의 자질과 태도를 기른다.

pedagogy

학교 교육과정 설계와 운영

1. 설계의 원칙
2. 교수·학습
3. 평가
4. 모든 학생을 위한 교육기회의 제공

학교 교육과정 설계와 운영은 이렇게

이 장에서는 초·중등교육법에 근거한 국가 교육과정에 따라 학교 교육과정을 설계하고 운영할 때 지향해야 할 방향과 고려해야 할 일반적인 원칙을 제시한다.

- '설계의 원칙'에서는 학교 교육과정을 설계하고 운영할 때 반영해야 할 주요 원칙들과 유의사항 및 절차 등을 안내한다.
- '교수·학습'에서는 학습의 일반적 원리에 근거하여 수업을 설계하고 운영할 때 고려해야 할 주요 원칙들을 제시한다.
- '평가'에서는 학교 교육과정 설계·운영의 맥락에서 평가가 학습자의 성장을 지원하는 데 고려해야 할 원칙과 유의사항을 제시한다.
- '모든 학생을 위한 교육기회의 제공'에서는 다양한 특성을 가진 학습자들이 차별을 받지 않고 적합한 교육기회를 갖게 하는 데 필요한 지원 과제를 안내한다.

02 학교 교육과정 설계와 운영

1. 설계의 원칙

가. 학교는 이 교육과정을 바탕으로 학교 교육과정을 자율적으로 설계·운영하며, 학생의 특성과 학교 여건에 적합한 학습 경험을 제공한다.

1) 학습자의 발달 수준에 적합한 폭넓고 균형 있는 교육과정을 통해 다양한 영역의 세계를 탐색 해보는 기회를 제공하고, 학습자의 전인적인 성장·발달이 가능하도록 학교 교육과정을 설계 하여 운영한다.
2) 학생 실태와 요구, 교원 조직과 교육시설·설비 등학교 실태, 학부모 의견 및 지역사회실정 등 학교의 교육 여건과 환경을 종합적으로 고려하여 학습자에게 적합한 학습 경험을 제공한다.
3) 학교는 학생의 필요와 요구에 따라 학교의 특성을 고려하여 다양한 교육 활동을 설계하여 운영할 수 있다.
4) 학교 교육 기간을 포함한 평생 학습에 필요한 기초소양과 자기주도 학습 능력을 갖출 수 있도록 지원하며 학습 격차를 줄이도록 노력한다.
5) 학생들의 자발적인 참여를 원칙으로 하여 학교와 시·도 교육청은 학생과 학부모의 요구에 따라 방과 후 활동 또는 방학 중 활동을 운영·지원할 수 있다.
6) 학교는 학교 교육과정의 효율적인 설계와 운영을 위하여 지역사회의 인적, 물적 자원을 계획적으로 활용한다.
7) 학교는 가정 및 지역과 연계하여 학생이 건전한 생활 태도와 행동 양식을 가지고 학습할 수 있도록 지도한다.

나. 학교 교육과정은 모든 교원이 전문성을 발휘하여 참여하는 민주적인 절차와 과정을 거쳐 설계·운영하며, 지속적인 개선을 위해 노력한다.

1) 교육과정의 합리적 설계와 효율적 운영을 위해 교원, 교육 전문가, 학부모 등이 참여하는 학교 교육과정 위원회를 구성·운영하며, 이 위원회는 학교장의 교육과정 운영 및 의사 결정에 관한 자문 역할을 담당한다. 단, 특성화 고등학교와 산업수요 맞춤형 고등학교의 경우에는 산업계 전문가가 참여할 수 있고, 통합교육이 이루어지는 학교의 경우에는 특수교사가 참여할 것을 권장한다.
2) 학교는 학습 공동체 문화를 조성하고 동학년 모임, 교과별 모임, 현장 연구, 자체 연수 등을 통해서 교사들의 교육 활동 개선이 이루어지도록 한다.
3) 학교는 학교 교육과정 설계·운영의 적절성과 효과성 등을 자체 평가하여 문제점과 개선점을 추출하고, 다음 학년도의 교육과정 설계·운영에 그 결과를 반영한다.

2 교수·학습

가. 학교는 학생들이 깊이 있는 학습을 통해 핵심역량을 함양할 수 있도록 교수·학습을 설계하여 운영한다.

1) 단편적 지식의 암기를 지양하고 각 교과목의 핵심 아이디어를 중심으로 지식·이해, 과정·기능, 가치·태도의 내용 요소를 유기적으로 연계하며 학생의 발달 단계에 따라 학습 경험의 폭과 깊이를 확장할 수 있도록 수업을 설계한다.
2) 교과 내 영역 간, 교과 간 내용 연계성을 고려하여 수업을 설계하고 지도함으로써 학생들이 융합적으로 사고하고 창의적으로 문제를 해결하는 능력을 함양할 수 있도록 한다.
3) 학습 내용을 실생활 맥락 속에서 이해하고 적용하는 기회를 제공함으로써 학교에서의 학습이 학생의 삶에 의미 있는 학습 경험이 되도록 한다.
4) 학생이 여러 교과의 고유한 탐구 방법을 익히고 자신의 학습 과정과 학습 전략을 점검하며 개선하는 기회를 제공하여 스스로 탐구하고 학습할 수 있는 자기주도 학습 능력을 함양할 수 있도록 한다.
5) 교과의 깊이 있는 학습에 기반이 되는 언어·수리·디지털 기초소양을 모든 교과를 통해 함양할 수 있도록 수업을 설계한다.

나. 학교는 학생들이 수업에 능동적으로 참여하고 학습의 즐거움을 경험할 수 있도록 교수·학습을 설계하여 운영한다.

1) 학습 주제에서 다루는 탐구 질문에 관심과 호기심을 가지고 스스로 문제를 해결하는 학생 참여형 수업을 활성화하며, 토의·토론 학습을 통해 자신의 생각을 표현하는 기회를 가질 수 있도록 한다.
2) 실험, 실습, 관찰, 조사, 견학 등의 체험 및 탐구 활동 경험이 충분히 이루어질 수 있도록 한다.
3) 개별 학습 활동과 함께 소집단 협동 학습 활동을 통하여 협력적으로 문제를 해결하는 경험을 충분히 갖도록 한다.

다. 교과의 특성과 학생의 능력, 적성, 진로를 고려하여 학습 활동과 방법을 다양화하고, 학교의 여건과 학생의 특성에 따라 다양한 학습 집단을 구성하여 학생 맞춤형 수업을 활성화한다.

1) 학생의 선행 경험, 선행 지식, 오개념 등 학습의 출발점을 파악하고 학생의 특성을 고려하여 학습 소재, 자료, 활동을 다양화한다.
2) 정보통신기술 매체를 활용하여 교수·학습 방법을 다양화하고, 학생 맞춤형 학습을 위해 지능 정보기술을 활용할 수 있다.
3) 다문화 가정 배경, 가족 구성, 장애 유무 등 학습자의 개인적·사회문화적 배경의 다양성을 이해하고 존중하며, 이를 수업에 반영할 때 편견과 고정 관념, 차별을 야기하지 않도록 유의한다.
4) 학교는 학생 개개인의 학습 상황을 확인하여 학생의 학습 결손을 예방하도록 노력하며, 학습 결손이 발생한 경우 보충 학습 기회를 제공한다.

라. 교사와 학생 간, 학생과 학생 간 상호 신뢰와 협력이 가능한 유연하고 안전한 교수·학습 환경을 지원하고, 디지털 기반 학습이 가능하도록 교육공간과 환경을 조성한다.

1) 각 교과의 특성에 맞는 다양한 학습이 이루어질 수 있도록 교과 교실 운영을 활성화하며, 고등학교는 학점 기반 교육과정 운영을 위해 유연한 학습공간을 활용한다.
2) 학교는 교과용 도서 이외에 시·도 교육청이나 학교 등에서 개발한 다양한 교수·학습 자료를 활용할 수 있다.

3) 다양한 지능정보기술 및 도구를 활용하여 효율적인 학습을 지원할 수 있도록 디지털 학습 환경을 구축한다.

4) 학교는 실험 실습 및 실기 지도 과정에서 학생의 안전사고를 예방하기 위해 시설·기구, 기계, 약품, 용구 사용의 안전에 유의한다.

5) 특수교육 대상 학생 등 교육적 요구가 다양한 학생들을 위해 필요할 경우 의사소통 지원, 행동 지원, 보조공학 지원 등을 제공한다.

3 평가

가. 평가는 학생 개개인의 교육 목표 도달 정도를 확인하고, 학습의 부족한 부분을 보충하며, 교수·학습의 질을 개선하는 데 주안점을 둔다.

1) 학교는 학생에게 평가 결과에 대한 적절한 정보를 제공하고 추수 지도를 실시하여 학생이 자신의 학습을 지속적으로 성찰하고 개선할 수 있도록 한다.
2) 학교와 교사는 학생 평가 결과를 활용하여 수업의 질을 지속적으로 개선한다.

나. 학교와 교사는 성취기준에 근거하여 교수·학습과 평가 활동이 일관성 있게 이루어지도록 한다.

1) 학습의 결과만이 아니라 결과에 이르기까지의 학습 과정을 확인하고 환류하여, 학습자의 성공적인 학습과 사고 능력 함양을 지원한다.
2) 학교는 학생의 인지적·정의적 측면에 대한 평가가 균형 있게 이루어질 수 있도록 하며, 학생이 자신의 학습 과정과 결과를 스스로 평가할 수 있는 기회를 제공한다.
3) 학교는 교과목별 성취기준과 평가기준에 따라 성취수준을 설정하여 교수·학습및 평가 계획에 반영한다.
4) 학생에게 배울 기회를 주지 않은 내용과 기능은 평가하지 않는다.

다. 학교는 교과목의 성격과 학습자 특성을 고려하여 적합한 평가 방법을 활용한다.

1) 수행평가를 내실화하고 서술형과 논술형 평가의 비중을 확대한다.
2) 정의적, 기능적 측면이나 실험·실습이 중시되는 평가에서는 교과목의 성격을 고려하여 타당 하고 합리적인 기준과 척도를 마련하여 평가를 실시한다.
3) 학교의 여건과 교육활동의 특성을 고려하여 다양한 지능정보기술을 활용함으로써 학생 맞춤형 평가를 활성화한다.
4) 개별 학생의 발달수준 및 특성을 고려하여 평가 계획을 조정할 수 있으며, 특수학급 및 일반 학급에 재학하고 있는 특수교육 대상 학생을 위해 필요한 경우 평가 방법을 조정할 수 있다.
5) 창의적 체험활동은 내용과 특성을 고려하여 평가의 주안점을 학교에서 결정하여 평가한다.

4 모든 학생을 위한 교육기회의 제공

가. 교육 활동 전반을 통하여 남녀의 역할, 학력과 직업, 장애, 종교, 이전 거주지, 인종, 민족, 언어 등에 관한 고정 관념이나 편견을 가지지 않도록 지도한다.

나. 학습자의 개인적 특성이나 사회·문화적 배경에 의해 교육의 기회와 학습 경험에서 부당한 차별을 받거나 소외되지 않도록 한다.

다. 학습 부진 학생, 특정 분야에서 탁월한 재능을 보이는 학생, 특수교육 대상 학생, 귀국 학생, 다문화 가정 학생 등이 학교에서 충실한 학습 경험을 누릴 수 있도록 필요한 지원을 한다.

라. 특수교육 대상 학생을 위해 특수학급을 설치·운영하는 경우, 학생의 장애 특성 및 정도를 고려 하여, 이 교육과정을 조정하여 운영하거나 특수교육 교과용 도서 및 통합교육용 교수·학습 자료를 활용할 수 있다.

마. 다문화 가정 학생을 위한 특별 학급을 설치·운영하는 경우, 다문화 가정 학생의 한국어 능력을 고려하여 이 교육과정을 조정하여 운영하거나, 한국어 교육과정 및 교수·학습 자료를 활용할 수 있다. 한국어 교육과정은 학교의 특성, 학생·교사·학부모의 요구와 필요에 따라 주당 10시간 내외에서 운영할 수 있다.

학교급별 교육과정 편성·운영의 기준

03

1. 기본 사항
2. 중학교

학교급별 교육과정 편성·운영의 기준은  이렇게

> 이 장에서는 학교 교육과정을 편성하고 운영할 때 고려해야 할 주요 기준들을 학교급별로 제시한다.
> - '기본 사항'에서는 모든 학교급에 해당하는 학교 교육과정 편성·운영의 일반적인 기준을 제시한다.
> - 초·중·고 학교급별 기준에서는 '편제와 시간(학점) 배당 기준'과 '교육과정 편성·운영 기준'을 제시한다.
> - 특수한 학교에 대한 기준에서는 초·중등학교에 준하는 학교, 기타 특수한 학교와 초·중등교육법 별도 규정에 의하여 설립된 학교, 초·중등교육법 시행령에 따라 교육과정 운영의 특례를 받는 학교 등에 대한 교육과정 편성·운영 기준을 제시한다.

1 기본 사항

가. 초등학교 1학년부터 중학교 3학년까지의 공통 교육과정과 고등학교 1학년부터 3학년까지의 학점 기반 선택 중심 교육과정으로 편성·운영한다.

나. 학교는 학교 교육과정 편성·운영 계획을 바탕으로 학년(군)별 교육과정 및 교과(군)별 교육 과정을 편성할 수 있다.

다. 학년 간 상호 연계와 협력을 통해 학교 교육과정을 유연하게 편성·운영할 수 있도록 학년군을 설정한다.

라. 공통 교육과정의 교과는 교육 목적상의 근접성, 학문 탐구 대상 또는 방법상의 인접성, 생활 양식에서의 연관성 등을 고려하여 교과(군)로 재분류한다.

마. 고등학교 교과는 보통 교과와 전문 교과로 구분하며, 학생들의 기초소양 함양과 기본 학력을 보장하기 위하여 보통 교과에 공통 과목을 개설하여 모든 학생이 이수하도록 한다.

바. 교과와 창의적 체험활동의 내용 배열은 반드시 따라야 할 학습 순서를 의미하는 것은 아니며, 학생의 관심과 요구, 학교의 실정과 교사의 필요, 계절 및 지역의 특성 등에 따라 각 교과목의 학년군별 목표 달성을 위해 지도 내용의 순서와 비중, 교과 내 또는 교과 간 연계 지도 방법 등을 조정하여 운영할 수 있다.

사. 학업 부담을 적정화하고 의미 있는 학습 활동이 이루어질 수 있도록 학기당 이수 교과목 수를 조정하여 집중이수를 실시할 수 있다.

아. 학교는 학교급 간 전환기의 학생들이 상급 학교의 생활 및 학습을 준비하는 데 필요한 교육을 지원하기 위해 진로연계교육을 운영할 수 있다.

자. 범교과 학습 주제는 교과와 창의적 체험활동 등 교육 활동 전반에 걸쳐 통합적으로 다루도록 하고, 지역사회 및 가정과 연계하여 지도한다.

> 안전·건강 교육, 인성 교육, 진로 교육, 민주시민 교육, 인권 교육, 다문화 교육, 통일 교육, 독도 교육, 경제·금융 교육, 환경·지속가능발전 교육

차. 학교는 가정과 학교, 사회에서의 위험 상황을 알고 대처할 수 있도록 체험 중심의 안전교육을 관련 교과와 창의적 체험활동과 연계하여 운영한다.

카. 학교는 필요에 따라 계기 교육을 실시할 수 있으며, 이 경우 계기 교육 지침에 따른다.

타. 학교는 필요에 따라 원격수업을 실시할 수 있으며, 이 경우 원격수업 운영 기준은 관련 법령과 지침에 따른다.

파. 시·도 교육청과 학교는 필요에 따라 이 교육과정에 제시되어 있는 과목 외에 새로운 과목을 개설할 수 있다. 이경우 시·도 교육감이 정하는 지침에 따라 사전에 필요한 절차를 거쳐야 한다.

하. 특수교육 대상 학생에 대해서는 이 교육과정 해당 학년군의 편제와 시간(학점 배당)을 따르되, 학생의 교육적 요구를 고려하여 특수교육 교육과정의 교과(군) 내용과 연계하거나 대체하여 수업을 설계·운영할 수 있다.

2. 중학교

가. 편제와 시간 배당기준

1) 편제

　가) 중학교 교육과정은 교과(군)와 창의적 체험활동으로 편성한다.

　나) 교과(군)는 국어, 사회(역사 포함)/도덕, 수학, 과학/기술·가정/정보, 체육, 예술(음악/미술), 영어, 선택으로 한다.

　다) 선택 교과는 한문, 환경, 생활 외국어(생활 독일어, 생활 프랑스어, 생활 스페인어, 생활 중국어, 생활 일본어, 생활 러시아어, 생활 아랍어, 생활 베트남어), 보건, 진로와 직업 등의 과목으로 한다.

　라) 창의적 체험활동은 자율·자치 활동, 동아리 활동, 진로 활동으로 한다.

2) 시간 배당 기준

구분		1~3학년
교과(군)	국어	442
	사회(역사 포함)/도덕	510
	수학	374
	과학/기술·가정/정보	680
	체육	272
	예술(음악/미술)	272
	영어	340
	선택	170
	소계	3,060
창의적 체험활동		306
총 수업 시간 수		3,366

① 1시간 수업은 45분을 원칙으로 하되, 기후 및 계절, 학생의 발달 정도, 학습 내용의 성격, 학교 실정 등을 고려하여 탄력적으로 편성·운영할 수 있다.
② 교과(군)별 및 창의적 체험활동 시간 배당은 연간 34주를 기준으로 3년간의 기준 수업 시수를 나타낸 것이다.
③ 총 수업 시간 수는 3년간의 최소 수업 시수를 나타낸 것이다.
④ 정보는 정보 수업 시수와 학교자율시간 등을 활용하여 68시간 이상 편성·운영한다.

나. 교육과정 편성·운영 기준

1) 학교는 교과(군)와 창의적 체험활동의 수업 시수를 학년별, 학기별로 자율적으로 편성할 수 있다.

　가) 학교는 학생이 3년간 이수해야 할 교과목을 학년별, 학기별로 편성하여 학생과 학부모에게 안내한다.

　나) 학교는 학교의 특성, 학생·교사·학부모의 요구 및 필요에 따라 자율적으로 교과(군)별 및 창의적 체험활동의 20% 범위 내에서 시수를 증감하여 편성·운영할 수 있다. 단, 체육, 예술(음악/미술) 교과는 기준 수업 시수를 감축하여 편성·운영할 수 없다.

　다) 학교는 학생의 학업 부담을 적정화하고 의미 있는 학습 활동이 이루어질 수 있도록 학기당 이수 교과목 수를 8개 이내로 편성한다. 단, 체육, 예술(음악/미술) 교과 및 선택 과목과 학교자율시간에 편성한 과목은 이수 교과목 수 제한에서 제외하여 편성할 수 있다.

　라) 학교는 선택 과목을 개설할 경우, 2개 이상의 과목을 동시에 개설하여 학생의 선택권을 보장한다. 학교는 필요한 경우 새로운 선택 과목을 개설할 수 있으며, 이 경우 시·도 교육감이 정하는 지침에 따라 사전에 필요한 절차를 거쳐야 한다.

마) 학교는 창의적 체험활동의 영역을 학생들의 발달 수준, 학교의 여건 등을 고려하여 자율적으로 편성·운영한다.

2) 학교는 모든 학생의 학습 기회를 보장할 수 있도록 학교 교육과정을 편성·운영한다.
  가) 전입 학생이 특정 교과목을 이수하지 못할 경우, 시·도 교육청과 학교에서는 학습 결손이 발생하지 않도록 보충 학습 과정 등을 제공한다.
  나) 교과목 개설이 어려운 소규모 학교, 농산어촌학교 등에서는 학습 결손이 발생하지 않도록 온라인 활용 및 지역 내 교육자원 공유·협력을 활성화한다. 이 경우 시·도 교육감이 정하는 지침에 따른다.

3) 학교는 지역과 연계하거나 다양하고 특색 있는 교육과정 운영을 위해 학교자율시간을 편성·운영한다.
  가) 학교자율시간을 활용하여 이 교육과정에 제시되어 있는 교과목 외에 새로운 선택 과목을 개설할 수 있다.
  나) 학교자율시간에 개설되는 과목의 내용은 지역과 학교의 여건 및 학생의 필요에 따라 학교가 결정하되, 학생의 선택권을 고려하여 다양한 과목을 개설·운영한다.
  다) 학교자율시간은 학교 여건에 따라 연간 34주를 기준으로 한 교과별 및 창의적 체험활동 수업 시간의 학기별 1주의 수업 시간을 확보하여 운영한다.

4) 학교는 학생들이 자신의 적성과 미래에 대해 탐색하고 학습의 즐거움을 경험할 수 있도록 자유학기와 진로연계교육을 편성·운영한다.
  가) 중학교 과정 중 한 학기는 자유학기로 운영하되, 해당 학기의 교과 및 창의적 체험활동을 자유학기 취지에 부합하도록 편성·운영한다.
    (1) 자유학기에는 지역 및 학교 여건을 고려하여 자율적으로 학생 참여 중심의 주제선택 활동과 진로 탐색 활동을 운영한다.
    (2) 자유학기에는 토의·토론 학습, 프로젝트 학습 등 학생 참여형 수업을 강화하고, 학습의 과정을 중시하는 다양한 평가 방법을 활용하되, 일제식 지필 평가는 지양한다.

나) 학교는 상급 학교(학년)로 진학하기 전 학기나 학년의 일부 시간을 활용하여 학교급 간 연계 및 진로 교육을 강화하는 진로연계교육을 편성·운영한다.

(1) 학교는 고등학교 생활 및 학습 준비, 진로탐색, 진학 준비등을 위해 교과와 창의적 체험 활동 시간을 활용하여 진로연계교육을 자율적으로 운영한다.
(2) 학교는 진로연계교육의 중점을 학생의 역량 함양 및 자기주도적 학습 능력 향상에 중점을 두고 교과별 내용 및 학습 방법 등의 학교급 간 연계를 통해 학생의 학습과 성장을 지원한다.
(3) 학교는 진로연계교육을 창의적 체험활동의 진로 활동 및 자유학기의 활동과 연계하여 운영 한다.

5) 학교는 학생들이 삶 속에서 스포츠 문화를 지속적으로 향유하여 건전한 심신 발달과 정서 함양이 이루어질 수 있도록 학교스포츠클럽 활동을 편성·운영한다.
가) 학교스포츠클럽 활동은 창의적 체험활동의 동아리 활동으로 편성하고 학년별 연간 34시간 운영하며, 매 학기 편성하도록 한다.
나) 학교스포츠클럽 활동의 종목과 내용은 학생들의 희망을 반영하여 학교가 결정하되, 다양한 종목을 개설하여 학생들의 선택권이 보장되도록 한다.

MEMO

PART 1 교육사철학

01. 교육의 이해

10쪽 – 수직적, 페다고지, 로크, 아동중심, 피터스
11쪽 – 조작적, 규범적, 위기지학
12쪽 – 수직적, 수평적, 삶의 질
13쪽 – 학습사회, 지+덕+체, 아동중심, 정체성
14쪽 – 자기주도적
15쪽 –단선형

02. 한국교육사

22쪽 – 성년식, 전인교육
24쪽 – 이기론, 주리론, 주기론
25쪽 – 성리학
26쪽 – 기회균등

03. 서양교육사

34쪽 – 문답법, 자유교육, 행복, 이데아, 행복
35쪽 – 스콜라, 도제교육
36쪽 – 자유인, 실학주의, 고전, 경험, 코메니우스
37쪽 – 백지설, 언어, 범지학
38쪽 – 합자연, 이성, 자연적 본성
39쪽 – 소극적, 아동중심, 이성
40쪽 – 인간성, 역사, 민족, 계발, 자연, 노작교육, 자발성, 방법
41쪽 – 도덕성, 흥미, 교수, 의무교육

04. 교육철학

48쪽 – 분석적, 사변적
49쪽 – 방법적, 경험중심, 경험
50쪽 – 문화유산
51쪽 – 인간성, 교과중심, 사회적 자아실현, 논리, 심리
53쪽 – 인간성, 여기, 만남
54쪽 – 이해, 자아실현
55쪽 – 수요자 중심

01. 생활지도

68쪽 - 적응, 추수
70쪽 - 아노미
71쪽 - 유대감, 중화, 낙인
72쪽 - 특성
73쪽 - 양육방식
74쪽 - 성격
75쪽 - 사회문화
76쪽 - 환상
77쪽 - 진로발달
78쪽 - 자아정체감, 진로결정
79쪽 - 의사결정

02. 학교상담

86쪽 - 존중, 유머
88쪽 - 무의식
89쪽 - 열등감
90쪽 - 고전적, 조작적, 관찰
91쪽 - 실존주의, 조건화
92쪽 - 게슈탈트
93쪽 - 실존, 과학
94쪽 - 비합리
95쪽 - 유머
96쪽 - 긍정적
97쪽 - 이분법
98쪽 - 욕구
99쪽 - 의사소통
100쪽 - 교류
101쪽 - 정형화
102쪽 - 상상
103쪽 - 객관화, 예방

01. 교육사회학의 이론

114쪽 - 유기체, 보수적
115쪽 - 산업사회, 수단적
116쪽 - 불평등, 피지배자
117쪽 - 계층, 해방, 경쟁
119쪽 - 상호작용

02. 교육사회학의 쟁점

126쪽 - 도덕, 역할, 규범
127쪽 - 자격, 선발, 지위, 위계화
128쪽 - 사회화
130쪽 - 재생산
131쪽 - 결과
132쪽 - 기대
133쪽 - 배경, 실조
134쪽 - 욕구, 학력

MEMO

참고 문헌

강현석, 주동범(2004). **현대 교육과정과 교육평가**. 서울: 학지사.
고재희(2010). **교육철학 및 교육사**. 서울: 형설출판사.
교육부(2015). **2015 개정 교육과정**. 교육부 고시 제2015-74호
곽병선(1997). **교육과정**. 서울: 배영사.
국가교육과정정보센터(2020). **국가교육과정정보센터**. http://ncic.re.kr에서 검색
권낙원, 민용성, 최미정(2008). **학교 교육과정 개발론**. 서울: 학지사.
권지수(2020). **권지수교육학 핵심쏙쏙**. 서울: 박문각출판.
김경식, 박형진, 윤주국, 이병환, 이현철(2011). **교육사회학**. 서울: 교육과학사.
김경식, 안우환(2003). 한국교육사회학의 연구동향 분석. **교육사회학연구**, 13, 47-64.
김계현, 김동일, 김봉환, 김창대, 김혜숙, 남상인, 조한익(2000). **학교상담과 생활지도**. 서울: 학지사. 집에있는거
김계현, 김창대, 권경인, 황매향, 이상민, 최한나,김봉환(2011). **상담학개론**. 서울: 학지사.
김석우(2009). **교육평가의 이해**. 서울: 학지사.
김신일(1996). **교육사회학**. 경기: 교육과학사.
김재춘, 부재율, 소경희, 채선희(2000). **교육과정과 교육평가**. 경기: 교육과학사.
김정환, 강선보(2001). **교육철학**. 서울: 박영사.
김종서, 이영덕, 정원식(1993). **최신 교육학개론**. 서울: 교육과학사.
김충기(1996). **생활지도와 상담**. 서울: 교육과학사.
나일주(2010). **교육공학 관련 이론**. 경기: 교육과학사.
나일주, 정인성(1996). **교육공학의 이해**. 서울: 학지사.
남정걸(2013). **교육행정 및 교육경영**. 경기: 교육과학사.
노상우(2011). **교육의 역사와 사상**. 서울: 문예출판사.
데이브(2020). **원페이지 교육학** 서브노트. 서울: 부크크.
박병량, 주철안(2012). **교육행정 및 교육경영**. 서울: 학지사.
박성익(1997). **교수학습방법의 이론과 실제**. 서울: 교육과학사.
박성익, 임철일, 이재경, 최정임(2007). **교육방법의 교육공학적 이해**. 서울: 교육과학사.
백순근(2004). **교육연구 및 통계분석**. 서울: 교육과학사.
변영계(1999). **교수·학습 이론의 이해**. 서울: 학지사.
서울대학교 교육연구소(1995). **교육학 용어사전**. 서울: 도서출판 하우.
성태제(1995). **타당도와 신뢰도**. 서울: 양서원.
성태제(2015). **교육연구방법의 이해**. 서울: 학지사.
소경희(2017). **교육과정의 이해**. 서울: 교육과학사.
손준종(2001). **교육사회학**. 서울: 문음사.
송인섭(1996). 자아 개념의 교육심리학적 **의미**. **교육심리연구**, 10(1), 1-24.
신차균, 안경식, 유재봉(2006). **교육철학 및 교육사의 이해**. 서울: 학지사.

오욱환(2003). **교육사회학의 이해와 탐구**. 서울: 교육과학사.
윤정일(2002). **신교육학의 이해**. 서울: 학지사.
이돈희(1994). **교육철학개론**. 서울: 교육과학사.
이선화(2020). **이선화 교육학**. 서울: 미래가치.
이지원(2020). EASY ONE ESSENCE. 서울: 동문사.
이홍우(2002). **교육의 개념**. 서울: 문음사.
장덕삼(2003). **한국교육사**. 서울: 동문사.
전태련(2019). **함께하는 교육학**. 부산: 캠버스.
정명화, 이로미(2021). **교육학 개론**. 경기: 공동체
정범모(1968). **교육과 교육학**. 서울: 배영사.
정태범(1998). **교육행정학**. 서울: 양서원.
정태범(2000). 교원의 전문성과 책무성의 제고 방안. **교육행정학연구, 9**(1), 1-27.
진동섭, 이윤식, 김재웅(2014). **교육행정 및 학교경영의 이해**. 경기: 교육과학사.
최충옥, 모경환, 김연권, 박성혁, 오은순, 한용택, 임정수(2010). **다문화교육의 이해**. 서울: 양서원.
홍후조(2011). **알기 쉬운 교육과정**. 서울: 학지사.
황정규(1998). **학교학습과 교육평가**. 서울: 교육과학사.
황정규, 이돈희, 김신일(2003). **교육학개론**. 서울: 교육과학사.

아이콘 출처

Mindmap by Vectors Point from the Noun Project
problem by Eucalyp from the Noun Project
answer by ProSymbols from the Noun Project
take off by Luis Prado from the Noun Project
check list clip board by Sharon Showalter from the Noun Project
Dog by Sara Quintana from the Noun Project
like by Leadbest Consulting Group from the Noun Project
thumbs down by David from the Noun Project
Teacher by iconixar from the Noun Project
analysis by mynamepong from the Noun Project

1교시 교육학 마이너

ISBN 979-11-93234-84-6

- 발행일 2021년 1월 2일 초판 1쇄
            2022년 1월 3일 2판 1쇄
            2024년 1월 2일 3판 1쇄
- 발행인 · **이용중**
- 저 자 · **정현**
- 발행처 · **(주)배움출판사**
- 주 소 · 서울시 영등포구 영등포로 400 신성빌딩 2층 (신길동)
- 주문 및 배본처 · Tel : 02) 813-5334   Fax : 02) 814-5334

본서의 **無斷轉載 · 複製**를 **禁**함.
본서는 저작권법 보호대상으로 무단복제(복사, 스캔), 배포, 2차 저작물 작성에 의한 저작권 침해를 금합니다. 또한 저작권법 제136조에 따라 5년 이하의 징역 또는 5천만 원 이하의 벌금에 처하거나 이를 병과할 수 있으며, 저작권법 제125조에 따라 1억 원 이상의 손해배상책임이 발생할 수 있습니다.

저작권 침해 제보: 이메일 baeoom1@hanmail.net, 전화 02) 813-5334

정가 15,000원